Theodor Meyer-Merian, Johann Jakob Balmer-Rinck

Sicherer Wegweiser zu einer guten und gesunden Wohnung

Zwei Preisschriften

Theodor Meyer-Merian, Johann Jakob Balmer-Rinck

Sicherer Wegweiser zu einer guten und gesunden Wohnung
Zwei Preisschriften

ISBN/EAN: 9783337356576

Hergestellt in Europa, USA, Kanada, Australien, Japan

Cover: Foto ©Lupo / pixelio.de

Weitere Bücher finden Sie auf **www.hansebooks.com**

Sicherer Wegweiser

zu einer

guten und gesunden Wohnung.

Zwei Preisschriften

von

Theod. Meyer-Merian und **J. J. Balmer-Rinck**,

gekrönt und herausgegeben

von der

Gesellschaft des Guten und Gemeinnützigen

in Basel.

Basel,

Bahnmaier's Buchdruckerei (C. Schultze).

I.

1. Wie's mit den Wohnungen steht.

Nichts ist heutzutage allgemeiner, als die Klage über das Steigen der Miethpreise und über die Schwierigkeit Wohnungen zu finden.

Diese Klagen sind nur zu wohl begründet. Die Ausdehnung, der Aufschwung der Gewerbe und Fabriken zieht in deren Nähe immer größere Menschenmassen, und da die vorhandenen Wohnungen nicht ausreichen und auch die neuerbauten mit dem Anschwellen der Bevölkerung nicht Schritt halten, so entsteht ein Gedränge, wenn sich Jeder eben doch sein Plätzchen sucht, wo er leben mag. Das macht zugleich, daß die Miethen theurer werden; denn überall, wo viel Nachfrage ist, steigt der Preis und so muß man jetzt im Vierteljahre zahlen, was sonst für ein Jahr gereicht hatte.

Die Erwerblust der Hausbesitzer trachtet nun auf verschiedene Art zu helfen und da nicht immer auf die uneigennützigste oder zweckmäßigste, wie anderseits wieder die Miethsleute mit geringern und schlechtern Wohnungen sich behelfen lernen. In dem Raume, den früher eine Haushaltung bewohnt, haben sich jetzt mindestens zwei, und zwar einander wildfremde, angesiedelt. Die bequemen Hausgänge und Sommerhäuser (Hausfluren) von ehemals sind verschwunden, die Stuben scheinen nach allen vier Seiten einzuschrumpfen, die Treppe muß sich gleichsam durch den Haufen von Stuben und Kämmerchen hindurchstehlen, von irgend einem freien Raume ist keine Rede mehr, er trüge ja nichts ab! Anhängsel jeder Art füllen den alten Hof und fangen gierig den letzten frischen Lufthauch, den einzigen Lichtstrahl weg, diese Gottesgaben, die vor Zeiten auch dem Aermsten nicht vorenthalten waren. Bequemlichkeiten, wie Waschhaus, Holz- und Vorrathskammern u. dgl. scheinen mit dem Zirkel in verkleinertem Maßstabe ausgemessen und der oberste Dachraum, das abgelegenste Winkelchen wird mit Menschen vollgepfropft, ja selbst der Raum unter der Erde, wo man ehemals bloß Fässer, Kartoffeln und Krautköpfe untergebracht. Wenn so ein recht besetztes Mieth- oder Kosthaus seine Bewohner mit einem Male herausließe, es würde oft keine Seele glauben, daß die alle neben einander darin Platz gehabt hätten, geschweige noch mit ihren Geräthen und Habseligkeiten dazu.

Von außen ist das Alles freilich nicht immer sichtbar, ein heller neumodischer Anstrich läßt wohl gar einige Behaglichkeit vermuthen. Indeß giebt es vielleicht doch mehr der Wohnungen, oder besser Wohnlöcher, z. B. in alten Hinterhäusern, engen Gäßchen, darin noch lange der Winter herrscht und geheizt werden muß, wenn in der übrigen Welt schon Alles an der Frühlingssonne sich wärmt und erlabt. Es giebt übergenug mit Menschen vollgepfropfte Häuser, in deren nächster Nähe Jahrelang nicht geleerte Dunggruben, baufällige Schweineställe, schlechte Cysternen die wenige Luft vollends verpesten, aus denen dem Eintretenden in dem dunkeln, feuchten Hausgange eine modrige Kellerluft, mit Abtrittgeruch verbunden, frostig entgegenschlägt, auf deren steiler, schlechter Treppe nur ein herabschlotterndes Seil durch die Finsterniß leitet und vor dem Halsbrechen schützt.

2. Musterwohnungen.

Solche Nothstände und deren Folgen für die Arbeiter, welche nicht nur wohl oder übel sich ihnen unterziehen, sondern für die schlechten Wohnungen noch hohe Miethen bezahlen, haben in verschiedenen Ländern wohldenkende Menschen veranlaßt, besondere, für Arbeiter bestimmte, zweckmäßige Gebäude zu errichten und gegen billige Preise auszuleihen. Man hat die Sache nach den verschiedenen Grundsätzen, von denen man ausgieng und gemäß den verschiedenen Verhältnissen, die vorlagen, von mehr als einer Seite angegriffen, indem man entweder größere, casernenartige Wohnungen für viele Haushaltungen aufführte, oder nur kleinere Gebäude für eine bis zwei Familien; indem man ganze Arbeiterquartiere gründete oder solche Häuser unter die der übrigen Leute zerstreute.

Ueber die Vorzüge und Nachtheile dieser und jener Art ist hier nicht der Ort weiter einzugehen, es genügt die Bemerkung, daß man im Ganzen, bei verhältnißmäßiger Wohlfeilheit, überall dem Bedürfnisse, der Gesundheit und Bequemlichkeit der Bewohner Rechnung trug. Dahin gehört denn, daß die Gebäude so viel als möglich freistehen, wohl gar kleine Gärten haben. Neben einem heizbaren Zimmer, einer Nebenstube, Küche mit Wasserstein, enthalten sie wenigstens noch eine verschalte Dachkammer, einen Kellerraum, Platz zu Holz und Abtritt. Die Zimmer liegen womöglich auf der Sonnenseite, Küche und Abtritt nach Mitternacht. Die Heiz-, Rauch-, Abwasser- und Abtritteinrichtungen sind, als sehr wichtig, ebenfalls sorgfältig berücksichtigt, sowie auf Nähe des benöthigten Wassers gesehen ist.

Aber da wäre ja schon allem Uebel abgeholfen! Wird doch kein Mensch mehr so thöricht sein, derlei wohleingerichteten Lokalien jene ungesunden, winklichten und dumpfigen Nester vorzuziehen.

3. Warum mit den gutgebauten Wohnungen noch nicht Alles gethan ist.

Freilich sind diese Arbeiterwohnungen eine Hülfe, aber noch lange keine genügende Abhülfe und dieß vorzüglich aus zwei Gründen nicht.

Einmal bestehen überall, im Vergleich zum Bedürfnisse, noch viel zu wenig solcher wohleingerichteter Häuser. Es ist beim besten Fortgange auch kaum die Zeit abzusehen, wann ihrer in genügender Anzahl vorhanden sein werden, so daß sich unbemitteltere Familien stetsfort auch in die Miethhäuser alten Schlages werden gewiesen sehen.

Der andere Grund aber, der die Wirksamkeit aller Abhülfe verkümmert, ist der wichtigere, daß selbst die bestgebauten Wohnungen ihren Zweck nicht erreichen, so lange die Grundbedingungen einer guten und gesunden Wohnung so wenig bekannt sind, oder so sehr außer Acht gelassen werden. Mit andern Worten: auch die am zweckmäßigsten gebaute Behausung wird viel zu häufig noch durch den Bewohner selber zu einer ganz ungesunden und schlechten gemacht.

Begeben wir uns einmal in eine solche Wohnung, ohne uns jetzt sonderlich um ihre bauliche Einrichtung zu kümmern.

4. Das Inwendige einer schlechten Wohnung.

Oeffnen wir sofort die Thüre, keine davor gebreitete Strohdecke, kein Scharrbrett wird uns aufhalten. Wir zögern, über die Schwelle zu treten: eine üble, dumpfige Luft scheint uns wieder hinausdrängen, ein unordentliches Durcheinander den Weg versperren zu wollen. Halten wir indeß aus und überwinden die erste Regung, an's Fenster zu eilen und dasselbe aufzureißen, damit doch die frische, freie Luft hereindringe, die von den trüben Fensterscheiben zurückgehalten wird. Der Fußboden, – er wird wohl von Holz sein, – trägt alle möglichen Spuren, von der Straße draußen wie von dem Fette und den Speisen der Küche. Papierschnitzel, Fadenresten, angebrannte Zündhölzer und Cigarrenstumpfen, abgenagte Knochen und Kleidungsstücke finden sich da und dort. Auf dem Tische mitten im Zimmer, auf dem, neben den Brosamen und Kafferingen noch vom Frühstück her, die ungespülten Tassen stehen, sitzt die Katze und gehorcht ihrem Reinlichkeitstrieb oder ihrer Naschhaftigkeit, indem sie die Reste aus den Schüsselchen leckt. Ein großmächtiges Bett an der Wand befindet sich noch ganz im selben Zustande, wie es die Bewohner vor 5 oder 6 Stunden verlassen: Kissen, Federbett, Alles wirr durcheinander ohne Leintücher indeß, wenn jenes Grau dort der Ueberzug sonst irgend eines Bettstückes sein sollte. Und über all dieß wölbt sich, wie ein wolkiger, düstrer Himmel, die von Oelqualm und Ofenrauch geschwärzte Zimmerdecke, gestützt auf die unsaubere, in den Ecken schimmlichte Tapete der kahlen Wände.

Und doch sind die Leute hier drin nicht eben arm. Der Mann ist ein geschickter Bandweber, er hat seinen guten und jetzt selbst reichlichen Verdienst in einer Fabrik und auch die Frau bringt durch Arbeiten für fremde Leute manchen Batzen in's Haus. Man erkennt's an Dem und Jenem, daß der Mangel da nicht ein- und ausgeht: Einzelnes verräth sogar Wohlstand, ja Luxus; aber es paßt Keines recht zum Andern, wie bei einem Trödler stehen die Geräthe ohne rechte Beziehung zu einander. Ein währschafter Schrank fehlt, eine neumodische Kommode vermag nicht Alles zu beherbergen, wenn gleich darin die buntbebänderte Sonntagshaube, der Laib Brot, die Unschlittkerzen und der Kamm noch so enge zusammenrutschen, und das zerbrochene Spielzeug auf's bescheidenste sich zwischen eine Handvoll Aepfel und die seidene Weste des Mannes versteckt. Deßhalb fährt auf Tisch und Stuhl dieß, jenes Kleidungsstück vom vorgestrigen Sonntage herum, oder selbes Geräthe, das ja in den nächsten vierzehn Tagen wahrscheinlich wieder einmal gebraucht wird. Bedarf man aber des Stuhles, des Tisches sonst, ei nun da ist das darauf Liegende ja bald zusammengerafft und auf das Fenstersims, das Bette geflüchtet, wo es für den Augenblick nicht im Wege liegt.

Wir wollen nicht in andere Räume treten, in die Küche so wenig, als an noch verborgenere Oerter: dieß Zimmer schon predigt laut genug, hier sei nicht gut wohnen! Und unbehaglich genug sieht's allerdings bei den Leuten da aus, die bei sich selbst nirgends daheim, sondern vielmehr in stätem Auszuge scheinen begriffen zu sein.

5. Wie die Bewohner einer schlechten Wohnung aussehen.

Sehen wir uns indeß ein wenig genauer nach den Bewohnern selber um.

Der Mann arbeitet seit früh auf der Fabrik; er kehrt erst Mittags auf die kurze Zeit des Essens nach Hause und Abends vielleicht noch schnell, bevor er im Wirthshause seiner Erholung nachgeht. Die Frau ist heute nicht auswärts; im Wasserzuber der Küche wäscht sie einiges

Linnen in der Stube aus, um auf Sonntag reine Wäsche zu haben. Sie breitet diese soeben um den Ofen aus, an dem, neben wollenen Strümpfen und dem Waschlappen, bereits auch Windeln hängen, die naß sind, ohne gewaschen zu sein. Mehr Raum zu gewinnen, stellt sie ein Paar feucht gewordene Endefinken vom Ofen herunter in's Ofenrohr hinein, bei welchem Anlasse sie den eingedorrten Speiserest entdeckt, welchen sie gestern vergeblich dem Manne vom Nachtessen aufgehoben. Das Aeußere der Frau ist allerdings nicht sehr einnehmend. Sie mochte einst kein so übles Mädchen gewesen sein, aber diese ungekämmten, im Gesichte herumhängenden Haare, die gelbe, verknitterte Haube, das zerrissene bunte Halstuch passen zu einem ordentlichen Aussehen so wenig, als das unreinliche Fähnchen von Indienneröckchen, welches sie trägt, oder als die herabhängenden Strümpfe und niedergetretenen Schuhe. Man könne im Hause nicht Staat machen! – meint die Frau; denn allerdings, wenn sie ausgeht, dann flattern um keine andere Haube so viele und so bunte Bänder, da ist ihr Halstuch das blumenreichste, ihr Rock der steifste, von gestickten Kräglein, Anstößlein, Vorstecknadeln und anderem Zierrath nicht zu sprechen. Daneben geben ihr jetzt die Kinder viel zu thun, deren eines gerade wieder krank ist und um deßwillen sie heute auch zu Hause geblieben. Das ältere, ein Büblein, hockt am Boden und nagt an einem Weck. Der kleine Kegel sieht drollig genug aus in seinen bis unter die Arme reichenden Höslein, dem dicken, wollenen Halstuche und der Pelzkappe, die er über die Ohren heruntergezogen, trotzdem er am Ofen sitzt und draußen ein ganz hübscher Märztag ist. In der Nähe giebt's freilich allerlei an ihm auszusetzen: so scheint mütterliche Liebe seine struppigen Haare ebenso nachsichtig der Pein des Kämmens, als das aufgedunsene Gesicht der Qual des Waschens zu überheben. Es hätte freilich dem armen Kleinen auch gar zu wehe gethan, bei den Schorfen und

Borken, die ihm auf dem Kopfe, an der Nase, hinter den Ohren sitzen und deren schmerzhaftes Jucken ihn so schon launisch und meisterlos genug machen, weßhalb ihm die Eltern in Allem seinen Willen lassen müssen. Sein jüngeres Schwesterchen dagegen, das leider den ganzen Winter den Doktor gebraucht und auch jetzt in den Federkissen seines Bettchens tief versenkt liegt, zeigt sich als das gerade Gegentheil von ihm. Es sei das beste Kind von der Welt! –

rühmt es die Mutter, Tagelang bleibe es liegen, wo sie's hinlege und störe sie in nichts, sobald es nur seinen Lutscher habe und was koste der, als ein wenig Zucker und Brotkrumme! Wenn der Mehlbrei, – und sie koche ihn doch absichtlich recht steif, – nur besser bei ihm anschlüge! (fügt sie klagend bei,) aber es setze sich Alles in den Bauch, der werde kugelrund und Aermlein und Beinlein blieben wie Schwefelhölzchen. Nächstens werde das Emilie zweijährig und vom Stehen sei noch keine Rede bei ihm; auch leide es an den Augen, gäb wie sie es vor dem kleinsten Luftzuge behüte!

Die arme Frau ahnt es nicht, daß sie allein mit ihrer unvernünftigen Pflege der Gesundheit ihrer Kinder hindernd im Wege steht.

6. Wo's noch übler aussieht.

Es giebt viel hundert Wohnungen, darin es noch weit schlimmer aussieht, in denen z. B. neben den Gliedern derselben Familie wildfremde Menschen, Kostgänger, die gleichen Räume, ja Schlafgemächer bewohnen und überfüllen. Sogenannte Haushaltungen giebt es, wo der Mann den größten Theil seines Erworbenen in's Wirthshaus trägt, die Frau das, was in ihre Hände kommt, an Flitter, an Leckereien, an Lustbarkeiten verschleudert. Allmälig wird sie gleichgültig; wie bisher die Haushaltung, vernachläßigt sie nun auch sich selbst und thut ihr Mögliches, dem Manne den Aufenthalt daheim gründlich zu verleiden. So kommt er immer später und in halbtrunknem Zustande nach Hause, indeß sie mit den Kindern zu darben beginnt. Es giebt gegenseitige Vorwürfe, scharfe und harte Reden, in der Leidenschaft und dem Trunke wohl noch Schlimmeres. Mürrisches Wesen, lieblose Worte werden die tägliche Umgangssprache, Zorn und Verdruß machen den Mann zum Trinker, erst in Wein und allmälig, wenn der seine Wirkung verliert oder bei abnehmendem Verdienste zu theuer wird, in Schnaps. Unzufriedenheit, Verdrießlichkeit setzen sich bleibend bei ihm fest, der gute Muth schwindet, in gleichem Maße die Arbeitslust und Fähigkeit. Er wird ein unzuverläßigerer, schlechtrer Arbeiter; um so besser freilich lernt er das Aufbegehren. Aber je mehr er an Gott und Welt zu verbessern findet, um so schneller geht's Stufe um Stufe mit ihm und den Seinen in den Sumpf des selbstverschuldeten Elends und der Verworfenheit hinein, bis sie alle am Ende hülflos der öffentlichen Wohlthätigkeit zur Last fallen.

Wer wüßte nicht Namen zu solchen Beispielen zu nennen? – Oder wo noch ein besseres häusliches Zusammenleben besteht und keine solche Verlotterung um sich gefressen, da brechen Elend und Jammer an der Hand von Krankheiten, besonders herrschender Seuchen, des Nervenfiebers, der gefürchteten Cholera mit Vorliebe in die unreinlichen und vernachlässigten Wohnungen. Der Vater, die Mutter werden auf's Krankenlager geworfen, häufig genug zugleich auf's Todbette. Sie sind nicht das einzige Opfer. Ein paar Tage später wird ein zweites Glied der Familie ergriffen und es ist gar nichts Seltenes, ganze Häuser weggerafft zu sehen, indem jede Erkrankung der Seuche nur immer neue Nahrung zuführt. Die Unreinlichkeit steigert sich ja dadurch stets wieder, die sich anhäufenden schlechten Ausdünstungen bilden eine ansteckende Pestluft aus, die alles Leben vergiftet.

Dieß hat leider die Cholera der letzten Jahre überall, fern wie nah, des Unläugbarsten dargethan, während Reinlichkeit und regelmäßiges Leben als eine wahre Schutzmauer gegen die Seuche sich erwiesen.

7. Vom Allerinwendigsten einer schlechten Wohnung.

Aber warum sind denn nur auch gerade die schlechtesten und unfreundlichsten Wohnungen immer so gesucht, als hätten viele Menschen eine angeborne Vorliebe just für Spelunken und weder Augen, Nasen noch Nerven überhaupt? Woher kommt das? –

Ja, diese schlechten Wohnungen, – hören wir entgegnen, sind halt viel wohlfeiler als jene gut eingerichteten, und darauf muß der gemeine Mann bei so theurer Zeit vor Allem sehen. Sie liegen auch nicht so weit ab vom Mittelpunkte des Verkehrs und des täglichen Erwerbes wie jene luftigern, besser eingerichteten, die draußen vor den Thoren, an irgend einem Ende der Stadt stehen!

Hierin liegt Etwas, wenigstens für den ersten Blick, wenn auch ein wenig Bewegung in freier Luft, bevor man sich halbe Tage lang ununterbrochen in eine Fabrikstube setzt, hinter einen Webstuhl stellt, gewiß weit mehr anzurathen als zu vermeiden ist. Doch lassen wir die Antwort gelten und fragen nur: warum sieht's denn bei diesen an sich schon so schlechten Wohnungen auch d r i n n e n so liederlich und verwahrlost aus? Warum stößt man innert den vier Wänden noch extra auf Unreinlichkeit, Unordnung und verkommenes Wesen? Warum wird der letzte

Lichtstrahl durch die schmuzigen Scheiben auch noch abgewehrt? die feuchte Luft noch besonders verpestet? die morsche Diele mit einer Kruste Unraths eigens überzogen? der beschränkte, schlecht eingetheilte Raum durch Unordnung noch mehr verstellt?

Da kann nicht mehr von Einschränkung, von Genügsamkeit die Rede sein. Dieß zeigt vielmehr, daß für solche Bewohner Reinlichkeit, Ordnung, Wohnlichkeit überhaupt keinen Werth haben, daß ihnen im Gegentheil eine derartige Umgebung zusagen muß, ihr Wesen und Treiben darin sich nicht belästigt, nicht beengt findet, sondern beides vielmehr ganz zu einander paßt. Wenn man mit Recht behauptet, von der Wohnung und Umgebung des Menschen lasse sich auf diesen selbst und seine Neigungen und Gesinnungen schließen, so sieht es eben in solchen Leuten selber nur zu oft dumpfig, lichtscheu, unsauber, verschlossen aus. Die innere Unordnung versteckt sich hinter die äußere wie hinter einen Schild und Scheuern, Lüften, Ordnungschaffen thäte in derlei Köpfen und Herzen nicht minder Noth wie in den von ihnen bewohnten Zimmern und Kammern und Vorräumen.

Dieß inwendige Verlottern kommt nicht plötzlich über Nacht. Häufig ist schon früh bei der Erziehung gefehlt, der Sinn für Reinlichkeit und Ordnung nicht geübt und genährt worden: der Vater war wenig zu Hause, die Mutter hatte alle Hände voll zu thun und griff's sonst nicht zum geschicktesten an, die Umgebung war auch nicht darnach, wo hätte da das Kind drauf merken lernen? Später aber war man an die Vernachlässigung gewöhnt. Bei dieser Gleichgültigkeit bleibt es nun nicht, es setzt sich allmälig noch Andres dran und macht aus arg ärger.

8. Ein Wörtlein über Zerstreuungen und

rechten Zuchtmeister, der den Menschen erzieht für Zeit und Ewigkeit, und nicht, wie so manche halt- und bodenlose Ehe, zu einer lebenslänglichen Strafanstalt. Durch gar nichts ist der Segen des Familienlebens zu ersetzen, der auf dem natürlichsten Wege aus jedem Augenblicke des Beisammenseins neue Nahrung zieht, aus dem Munde des Vaters, dem Beispiele der Mutter, der Anhänglichkeit und dem Gedeihen der Kinder, aus der Liebe, die Alle verbindet und dem Gewöhnlichsten eine Bedeutung gibt.

Um aber zu dieser Erholung, dieser Freude, diesem Glücke zu gelangen, muß es einem vor allem daheim innert den vier Wänden an Leib und Seele wohl sein, man muß sich wirklich heimisch fühlen können. Wie wird dieß möglich?

10. Wer der wahre Baumeister ist.

Gewiß wird es immer bessre und weniger gute, ja geradezu schlechte Wohnungen geben und der Arme wird letztere nie ganz meiden können. Ihre Lage in Mitten der Städte, in der Nähe der Vermöglichen wird ihn sogar anziehen und auch eine genaue Aufsicht der Gesundheitspolizei mag vollauf Arbeit haben, nur die schreiendsten Uebelstände abzustellen, weil sie das einzige Mittel, das bleibt, manche Wohnungen unschädlich zu machen, nämlich sie zu schließen oder niederzureißen, nicht anwenden kann. Aber ebenso gewiß ist es auch wieder, daß die schlechteste Wohnung sich verbessern läßt, die empfindlichsten Nachtheile sich heben oder mindern lassen. Dazu jedoch ist Eins unerläßlich, das Eine, daß ein Jeder selbst die Hand anlege Denn wie der Bewohner eine vorzügliche Wohnung zu einer nachtheiligen umwandeln kann, so ist er ebenso der Hauptbaumeister, der eine schlechte Wohnung zu einer guten und gesunden zu erheben vermag, ein Baumeister zugleich, den alle Baumeister der Welt nicht zu ersetzen im Stande sind.

Dieser zu sein oder zu werden, dazu rüste du dich, der du's bisher vielleicht versäumt hast, nur aus mit gutem Willen und Aufmerksamkeit; mehr bedarf's nicht! Mit diesen schon wirst du deine Wohnung gesund und wohnlich einrichten und dem Wirthshaus, den Lustbarkeiten draußen, dem Flitter und der Hoffahrt gegenüber, dir ein sicheres Haus bauen, darin gut wohnen ist, das der Stamm ist, darauf du allein gedeihest, darauf deine Kinder und Kindeskinder wachsen und dir zum Segen reifen werden!

Weil aber Alles in der Welt will gelernt sein und jedes Handwerk seine besondern Vortheile und Vorschriften hat, auch wenn diese durch bloße Gewohnheit von Kindsbeinen an und ohne besonderes Kopfzerbrechen sich aneignen ließen, so soll jetzt hier zu gutem Ende zusammengestellt werden, was solchem Baumeister einer gesunden Wohnung zu wissen Noth thut. Besondere Kosten sind keine mit verbunden, das Geheimniß ist bald geoffenbart und die Kunst leicht zu lernen, nur macht aber auch hier Uebung allein den Meister. L u f t , L i c h t , R e i n l i c h k e i t und O r d n u n g indeß sind die Bausteine und das Pflaster, daraus unter Gottes Segen Jeder sich eine gute und für Leib und Seele gesunde Wohnung aufführen kann!

Sehen wir zu, wie man diese am besten handhabt und am passendsten verwendet.

11. Die Luft.

Die Luft zählt zwar für nichts. „Niemand kann von der Luft leben!" – hört man als gewöhnliche Redensart. Das ist aber grundfalsch; da verstanden's die Alten besser, welche

Luft die Nahrung, das Futter des Lebens nannten. Und mit Recht, denn sie ist für unsern Leib gerade ein so nothwendiges und unentbehrliches Nahrungsmittel als Speise und Trank.

Athmen ist nicht nur, daß man Luft einzieht und sie nachher wieder ausbläst: die ausgeathmete Luft ist eine ganz andre als die eingezogene, und was inzwischen mit ihr in der Brust vorgegangen, das ist eben das Wichtige und der Zweck des Athmens. Das Blut hat da in der Lunge schnell das, was ihm zur Erhaltung des Lebens nothwendig ist,[A] aus der beim E i n athmen zugeströmten frischen Luft an sich gezogen und dagegen sein Unnützes und Verbrauchtes abgegeben, das dann beim A u sathmen mit dem Uebrigen als umgewandelte und nunmehr unbrauchbare Luft wieder aus der Brust ausgestoßen wird und sich mit der Luftmasse außer dem Menschen, sei's in einem Zimmer oder im Freien, vermischt. Dieß wiederholt sich bei jedem Athemzuge. Daß die abgeschlossene Zimmerluft dadurch allmälig verschlechtert wird, ist leicht zu ermessen. Daraus läßt sich denn auch entnehmen, wie die Luft keineswegs so gleichgültig ist, sondern sie einerseits um so nachtheiliger sein wird, jemehr jene Bestandtheile, welche als unbrauchbar vom Blute durch das Ausathmen[B] und durch die Hautausdünstung[C] an sie abgegeben werden, in ihr sich anhäufen. Anderseits aber muß sie um so vortheilhafter sein, je ungeschmälerter sie den Bestandtheil enthält, welcher zur Neubelebung des Blutes taugt.

Es ist nun vom lieben Gott einmal so weise eingerichtet, daß es nicht erst besonderer Vorkehrungen bedarf, diese uns zuträgliche Luft mit Mühe und Kosten herzustellen. Im Gegentheil ist d i e s e gerade die beste, die unter dem freien Himmel liegt und in welche das Gras des Feldes und die Bäume des Waldes ungehindert hineinwachsen. Es ist somit genug gethan, wenn man solcher frei und überall vorkommenden Luft möglichst leichten Zutritt verschafft. Nun ist's weiter eine einfache Rechnung: wo in einer Stube v i e l e Leute sind, da wird das uns Zuträgliche aus der Luft durch's Einathmen gewiß schneller weggenommen und umgekehrt, durch's Ausathmen mehr Verbrauchtes drin angesammelt werden, als wo nur e i n e Person sich aufhält. Die Luft des Zimmers wird also immer schlechter werden und um so schlechter, je kleiner seine Luftmenge, d. h. sein Raum ist.

Es braucht gar keiner feinen Nase, um die schlechte Luft zu erkennen. Wer z. B. Morgens aus dem Freien in ein Schlafzimmer tritt, namentlich in eins, darin mehrere Leute die Nacht zugebracht, den wird es auf der Brust schnüren. Wo längere Zeit in einem geschlossenen Raume viele Menschen beisammen gehalten werden, steigert sich die Athembeschwerde bis zu Taumel, Uebelkeit und Ohnmacht. Darum ist ja auch auf überfüllten Schiffen die Sterblichkeit so groß. In Calcutta wurden in der sog. schwarzen Höhle 146 Menschen zusammengesperrt; innert 10 Stunden gingen davon 123 zu Grunde und zwar bloß, indem die Luft durch's Athmen der Eingeschlossenen und keineswegs etwa durch andere schädliche Dünste und Gase verdorben wurde. Kommt nun hiezu noch Oelqualm, Ofenrauch, die Ausdünstung von feuchten Wänden, trocknender Wäsche, von Abgang und Speisen, von Abtritten und Baugruben, Kellern und Cysternen, so ist klar, daß die Luft noch viel untauglicher zum Athmen werden muß. Diese Extraverschlechterung gehört indeß größtentheils ins Capitel der Reinlichkeit, von welcher sich's wohl lohnt, noch besonders ein Wörtlein zu reden. Hier nur soviel: Man kann lange frische Luft in eine Stube, eine Kammer, einen Vorraum hereinlassen, es wird nicht viel damit gewonnen sein, wenn angehäufter Unrath, verwesender Abgang, ein stinkender Wasserstein u. drgl. durch ihre Ausdünstung die Luft fortwährend verderben. Nicht fleißig und schnell genug können darum alle Stoffe, welche die Atmosphäre verunreinigen, aus bewohnten Räumen entfernt werden.

Etwas Andres ist es mit der ganz unvermeidlichen Verschlechterung der Zimmerluft durch's bloße Ausathmen und Ausdünsten der Bewohner, wobei es sich um den gehörigen Zutritt guter und frischer Luft handelt, als Ersatz und Verbesserungsmittel der verbrauchten.

Dieß Herbeiziehen frischer Luft beschäftigt auch, um seiner Wichtigkeit willen, besonders in neuerer Zeit wieder, die Sachverständigen in hohem Grade. Zunächst in Beziehung auf Krankenhäuser, Gefängnisse, Kasernen, kurz Räume, in denen viele Menschen angesammelt sind und folglich durch das vermehrte Athmen und Ausdünsten die Luft in größerm Maße verdorben wird. Die Wichtigkeit indeß ist für die Wohnung der einzelnen Familie ganz dieselbe, namentlich wo diese zahlreich und der bewohnte Raum ein beschränkter ist.

Zum Glücke für keine geringe Zahl Menschen erneut und verbessert sich die Luft in den Wohnungen schon großentheils von selber, indem letztere nichts weniger als für die äußere Luft unzugänglich sind. Diese dringt nicht nur durch Thür- und Fensterspalten herein, sondern sogar buchstäblich durch den Mörtel und die Backsteine der Mauerwände,[D] weßhalb es denn z. B. bei empfindlichen Kranken, keineswegs nur Einbildung ist, wenn solche über Luftzug aus dem Mauerwerke klagen. Geht draußen der Wind, so wird dieser natürliche und unterbrochne, wenn auch verlangsamte, Luftwechsel in den Wohnungen noch vermehrt, wie es ja bekannt genug ist, daß man im Winter bei Wind weit mehr heizen muß, als wenn es ohne Wind bloß kalt ist. Ein anderes wirksames Beförderungsmittel für die Verbesserung der inwendigen schlechten Luft durch die zuströmende äußere gute ist auch die verschiedene Wärme im Zimmer und im Freien. Es verlüftet eine Stube des Winters gerade so erfolgreich, wenn man das Fenster nur eine halbe Stunde öffnet, als wenn es des Sommers einen halben Tag lang aufgesperrt wird. Freilich aus dem gleichen Grunde ist dann bei Armen, welche das Holz sparen müssen, und besonders wo Viele beisammen wohnen, die Zimmerluft im Winter um so nachtheiliger: Wenn es drinnen wie draußen fast gleich kalt ist, so wird sich die schlechte Luft in der Stube mehr ansammeln, ohne genügend durch zuströmende gute verbessert zu werden. Deßhalb ist überhaupt auch kalte Stubenluft für die Gesundheit weit schädlicher als kalte Luft im Freien.

Wie bedeutend indeß der natürliche Luftwechsel (Luftverbesserung) im Innern der Wohnungen ist, er hat seine Grenze von wo ab er nicht mehr ausreicht. Diese wird sein, wo der durch Ausathmung und Ausdünstung der Menschen[E] sich verschlechternden Luft von der natürlich zuströmenden guten nicht mehr die Waage gehalten wird;[F] also wohl überall, wo Wohnungen stark bevölkert sind. Für diese Fälle ist man bemüht, künstlich durch allerhand Vorkehrungen genügend gute Luft herbeizuschaffen. Man hat dieß durch die verschiedensten Einrichtungen mittels Pumpen, besonderer Kanäle und Leitungen, mit hohen Kaminen in Verbindung, zu erzielen gesucht. Diese sog. Ventilationsapparate werden namentlich in Kasernen, Spitälern, Gefängnissen, Arbeitsälen u. s. w. angewendet; für einzelne und bescheidenere Wohnungen sind sie indeß zu kostspielig und zu wenig einfach. In diesen letztern, um die es sich hier doch besonders handelt, wird man sich mit zugänglichern und wohlfeilern, wenn auch weniger gründlichen Hülfsmitteln noch eine Weile behelfen müssen. Man wird sich darauf beschränken im Winter, selbst ein bischen auf Kosten der Scheiterbeige, die Fenster gehörig zu öffnen und durch diese noch mehr bessre Luft hereinzulassen, als von selber schon durch Spalten und Mauerwerk hereinkommt. Solches tägliche Lüften ist in den Wohnzimmern immer erforderlich; vor allem aber in Schlafkammern, die ohnedieß schon meist etwas stiefmütterlich behandelt aussehen, hinsichtlich der Räumlichkeit und der Reinlichkeit. Leintücher, und das Bettwerk überhaupt, welches von der Ausdünstung während des Schlafens am meisten durchdrungen wird, sollte man fleißig an die freie Luft hinaus, womöglich an die Sonne, hängen und dort recht auslüften lassen. Ferner sind aus solchen Räumen alle großen Möbeln, welche die so schon ungenügende Luftmenge noch mehr beschränken, zu entfernen, namentlich die Kisten und Tröge und Koffer, die man häufig als Behälter unreiner Wäsche, unter den Betten antrifft.

Wo diese Aushülfe nicht genügt, weil die Zimmerluft durch die vielen Leute, vielleicht Kost- und Schlafgänger, doch immer zu schnell wieder verdorben wird und man ja nicht fortwährend die Fenster kann offen stehen lassen, da muß noch sonst wie Rath geschafft werden und zwar dadurch, daß man einen Theil der Kost- oder Schlafgänger einfach abdankt und auf diese Weise der Luftverderbniß entgegenwirkt, indem eine Verminderung der Bewohner einer Lüftung gleich kommt.

Ist indeß die eigene Familie sehr zahlreich, so läßt sich freilich dem Nachtheile der Ueberfüllung eines beschränkten Raumes nicht auf die gleiche Weise begegnen, wohl aber, wenn man eine geräumigere Wohnung bezieht. Denn ein Raum, in dem vier Personen ganz gesund wohnen, kann für acht oder noch mehr Menschen zu einem wahren Krankheitsheerde werden. Es ist darum auch in Dänemark durch Gesetz vorgeschrieben, wie viel Wohnraum ein lediger und wie viel ein verheiratheter Arbeiter zum Mindesten haben muß. Da es sich um das Beste für den Menschen und sonderlich für den Arbeiter handelt, um seine Gesundheit, so sollte man auch ohne Gesetz zu solchen Veränderungen sich nicht zu lange besinnen.

Man begegnet vielfach der Meinung, daß durch den Luftzug in Oefen und Kaminen, die man in den Zimmern heizt, eine namhafte Reinigung der Luft bewirkt werde. Diese Luftverbesserung aber wird meist viel zu hoch angeschlagen. Genaue Untersuchungen weisen nach, daß sie kaum für mehr ausreicht, als die Luft, die ein einzelner Mensch durch sein Ausathmen verdirbt, wieder herzustellen. Wo daher mehrere oder gar viele Leute beisammen sind, kann der Ofen- und Kaminzug nicht mehr in Betracht kommen. Rechnet man zu diesem geringen Vortheil noch die Nachtheile, welche durch Rauch im Zimmer oder zu frühes Schließen der Ofenklappe leicht entstehen, so wird man dieser Zimmerheizung kaum sehr das Wort reden wollen.

Was die meisten Menschen gegen das Einathmen schlechter Luft so gleichgültig macht, ist wohl vorzüglich der Umstand, daß die nachtheiligen Folgen nur in seltenen Fällen auf der Stelle, und damit recht augenfällig, zu Tage treten. Das Einathmen untauglicher Luft auf kürzere Zeit schadet unserm Körper auch weit weniger, als wenn es auf die Dauer geschieht. Die Wohnungen auf dem Lande sind oft sehr vernachlässigt, indem dort mehr auf die Pflege des lieben Viehes gesehen wird, als auf die der Menschen. Es wird nie gelüftet, dagegen die Stube im Sommer fortgeheizt. Die Fenster sind klein, die Zimmerdecke niedrig, man schläft unter bleischweren Federbetten und Vierfüßer mehr als einer Art theilen neben den Hühnern mit dem Menschen ein und denselben Wohnraum. Dazu ist das Essen oft mangelhaft und nichts im Flor als die Unreinlichkeit. Man trifft deßhalb in Dörfern allerdings auch häufig blasse kränkliche Kinder an. Diese wären indeß noch weit zahlreicher, wenn nicht anderseits, sobald die Leute den Fuß vor's Haus setzen, ihnen die frische Luft aufgezwängt würde, wenn nicht zwischenein Sonne und Regen ungefragt die Naturen stärkten und wieder gut machten, was die Menschen verdorben. Der Landbewohner sitzt nur einen kleinen Theil des Jahres in seiner Stube, je mehr aber die Landbeschäftigung zurücktritt und die Industrie (Weberei etc.) hervor, um so bedeutungsvoller allerdings wird auch für ihn die Frage einer guten und gesunden Wohnung werden.

Durch schlechte Luft wird also nicht auf der Stelle eine Krankheit erzeugt, wohl aber die Gesundheit allmälig, fast unmerklich, geschwächt: der Körper vermag nicht mehr schädlichen Einflüssen kräftigen Widerstand entgegenzusetzen; was immer für eine Art Krankheit gerade herrschen mag, Schleimfieber oder Katarrh, Entzündung oder Ruhr, keinen Augenblick ist er vor ihnen sicher. Tritt gar irgendwo die Cholera, das Nervenfieber auf, ja dann sind es diese schlechtgelüfteten Wohnungen und ihre armen Bewohner jedenfalls zuerst, welche dem Besuche des furchtbaren Gastes blosgestellt sind.

Beinahe schlimmer noch als diese rasch verlaufenden Krankheiten zeigen sich inzwischen jene kriechenden, heimtückischen, die am Marke ganzer Generationen zehren und sie langsam zu Grunde richten. Wir meinen solche wie die Drüsenkrankheit (Scropheln) und die Lungenschwindsucht (Tuberkeln). Für diese ist jene allmälige Schwächung und Vergiftung des Körpers, wie sie das Einathmen verdorbener Luft herbeiführt, gerade der gangbarste und sicherste Weg ihre Opfer zu erreichen. Ohne Aufsehen serbeln in solchen Wohnungen schon die Kinder hin, man weiß nicht, woher das kommt, wann es angefangen, hat nie einen Feind bemerkt: unsichtbar in der dumpfigen Luft schwebend hat dieser auf das zarte Leben gedrückt, immer schwerer und schwerer, bis er's endlich erstickt. „Die Luft ist ja Nichts! man lebt nicht von der Luft!" – nun, so stirbt man aber doch von ihr.

12. Das Licht.

Hat Einer einen Blumenstock, so stellt er den vor's Fenster oder trägt ihn hinaus an die Tonne, denn er weiß, daß er ihm im Schatten welk und siech wird, die grünen Blätter erblassen und nur saft- und kraftlose Triebe aufschießen. Er weiß auch, daß die Knospen und Blüthen stets nach dem Lichte sich hinwenden und wachsen, wenngleich man immer wieder sie anders kehrte. Das gleiche Bedürfniß der lieben Gottessonne hat nun auch der Mensch und besonders als Kind. Nicht vergebens zieht es einen an schönen Frühlingstagen an allen Haaren hinaus, die liebe Sonne sich auf den Rücken scheinen zu lassen und die sonnendurchwärmte frische reine Luft in vollen Zügen einzuathmen. Daß dieß nicht bloße Vergnügenssache, sondern wirkliches Bedürfniß ist, zeigen uns die armen Menschen, die ihres Lebens größten Theil hinter geschlossnen trüben Fenstern, zwischen engen Mauern in sonnenlosen kalten Hinterhäusern und Erdgeschossen, ja gar unter der Erde in Kellern zubringen müssen. Sie sehen da gerade so aus wie jene armen serbelnden Pflänzchen, die mit aller Gewalt ans Licht möchten und können doch nicht. Da schwinden die rothen Backen, der frische gute Muth, der lebendige Blick. Dafür wird die Haut bleich und schlaff, Kinder sehen alt und ernst aus, es entwickeln sich bei ihnen leicht Augenübel, Drüsenkrankheiten, bei Aeltern Wassersucht, besonders wenn, wie gewöhnlich der Fall, noch Mangel an frischer Luft und Unreinlichkeit dazu kommen. Es müßte auch, schon ganz äußerlich betrachtet, ein Gemüth sehr verfinstert sein, auf das nicht der erste helle Frühlingsstrahl einen heitern Eindruck übte. Freilich ist's fatal, wenn dieser dabei auf einen schmierigen Fußboden, auf unsaubre Wäsche und Gesichter oder auf unordentliches Geräthe fällt, denn gar unerbittlich hebt er nur viel schärfer all die Gebrechen hervor. Um aber da der heilsamen Kraft nicht verlustig zu gehn, sondern ihr herzhaft Thür und Fenster öffnen zu können, wird es am besten sein, man richte sich so ein, daß man das Sonnenlicht nicht zu scheuen hat und dieß geschieht durch Reinlichkeit.

13. Reinlichkeit und Ordnung.

Reinlichkeit und ihre Schwester die Ordnung, sind die Grundlage aller Wohnlichkeit und Behaglichkeit; ebenso sehr auch ein Hauptmittel der Gesundheit. Wie sie die Armuth der Hütte verklären, so erlischt ohne sie die Pracht des Palastes. Sie umfangen Alles: den Menschen selbst, seine Kleidung, seinen Hausrath, seine Arbeit und die ganze Umgebung. Der einfachste und gebrauchteste Tisch von Tannenholz, das gröbste und geflickteste Hemde, wenn sie ganz und rein sind, stehen hoch über einer unsaubern Commode von Mahagoni, einem schmuzigen gefälteten Vorhemdchen mit vergoldetem Knöpfchen drin. Nehmt dasselbe Zimmer, die gleichen Geräthe, die in ihrem unreinlichen und unordentlichen Zustande euch vor Unbehaglichkeit hinaustreiben, und reiniget Alles gründlich, wascht den Fußboden, das Getäfel, die Fenster, den Tisch, die Bettstelle, ebenso die Vorhänge, die Bettwäsche, stellt Jedes dahin, wo's hingehört und ihr werdet euch in einer neuen Welt finden, in der euch wohl und heimisch ist und darin Alles, auch das Geringste, besser, freundlicher, weniger armselig aussieht.

Es giebt zwar genug Leute, welche meinen, Reinlichkeit trage nichts ab und habe mit dem Wohlsein nichts zu schaffen. Demgemäß lassen sie denn auch auf ihrem Leibe sich ansammeln und ansetzen, was nur immer Lust hat. Und unter ihrer Kruste von Unreinigkeit und abgestandener Haut empfinden sie freilich nichts von dem stärkenden erfrischenden Gefühle, das nach einem Bade den ganzen Körper durchströmt, als fließe nun das Blut freier, kräftiger durch alle Adern durch. Nichts ist zuträglicher für die Gesundheit als solche Bäder, oder, wo sie nicht möglich und im Winter, als Ersatz kaltes Waschen des Körpers. Viele Krankheiten, und vor Allem die ganze Reihe der langweiligen Erkältungskrankheiten, können buchstäblich weggewaschen werden, indem die Haut durch's Waschen belebt, gestärkt wird und so dem Einflusse der wechselnden Witterung widersteht. Besonders für Kinder, deren Haut so saftreich und thätig ist, zeigt sich das kalte Waschen heilsam und kräftigend.

Nicht umsonst hat der alte Moses seinen Israeliten so bestimmte und einläßliche Vorschriften über die Reinlichkeit gegeben, ja dieselbe zu einer religiösen Pflicht gemacht. Wie viele Christen hätten da von den Juden zu lernen! Ueberhaupt steht unsre Zeit hierin der der Alten bedenklich nach. Wie ganz anders sah's z. B. in dem alten Rom aus, als in unsern neuen Städten, das modische Paris nicht ausgenommen! Ueberall waren dort öffentliche Bäder eingerichtet, die man regelmäßig benützte. Kostbare Riesenbauten, deren Ueberreste die Welt noch jetzt anstaunt, führten das beste Wasser weit aus dem Gebirge herbei. Keine Gelegenheit war da zu ferne, kein Preis zu hoch, man rechnete nicht ängstlich die Zinse nach, denn es betraf ja Gesundheit, Wohlsein des Volkes und alle Welt genoß der Wohlthat guten und reichlichen Wassers. Anderseits führten die großartigsten unterirdischen Gänge und Kanäle (Kloaken) alles Unreine, allen Abgang sogleich aus dem Bereiche der Menschen weg.

Im Gegensatz hiezu leiden bei uns nur zu häufig Arme und Reiche gleiche Noth an gutem Wasser und da ist die ganz nothwendige Folge eben die Unreinlichkeit; am auffallendsten freilich immer in der Wohnung des Aermern. Wo man jeden Tropfen weit herholen und sparen muß, ja da wird beim Fegen und Waschen keine große Verschwendung getrieben und man läßt schon eher etwas „zusammenkommen". Ganz natürlichen Schritt hiemit hält die Gleichgültigkeit gegen schlechte Ausdünstungen, aus Winkeln und feuchten Höflein, gegen Gerüche aus Mistgruben, Abtritten und Cysternen, aus mangelhaften Dohlen und Löchern, in denen der Abfluß sog. Wassersteine stehen bleibt. Da ist keine Vorkehrung getroffen, es wird für keinen Ablauf, für keine Reinigung gesorgt. Wozu sollte dieß auch ein Einzelner? fünfzig, hundert Menschen vielleicht, benutzen ja die „Gelegenheit", was sollte Einer den Narren machen für die Andern? Und so athmen denn Hunderte und Tausende vieler Orten diese verpestete Luft und es hilft dann allerdings nicht viel, zur Verbesserung der verdorbenen Zimmerluft die Fenster zu öffnen und diese vielleicht ebenso schlechte Luft hereinzulassen. Wie's da aber hernach aussieht, und namentlich in großen Städten (wo die Menschen enge wohnen und die übeln Ausleerungen massenhaft sich ansammeln,) wenn ansteckende Krankheiten, z. B. Cholera, ausbrechen, das zeigen die Sterbetabellen leider nur zu deutlich.

Es ist hier allerdings mehr das Gebiet der obrigkeitlichen

Fürsorge und der Einzelne, besonders der Miether, wird unmittelbar kaum viel mehr zur Verbesserung beitragen können, als daß er selber so wenig als möglich Ansammlung von solchem Unrathe in seiner Nähe veranlaßt und auf Abhilfe der baulichen Uebelstände dringt, denen mit einiger Leichtigkeit zu begegnen ist. Wo es dagegen schwer, vielleicht unmöglich zu helfen, da wird er am klügsten handeln, solche gefährliche Nachbarschaft oder Einrichtung zu fliehen, indem er auszieht. Im Ganzen aber ist es schon ein Gewinn, wenn nur die allgemeine Aufmerksamkeit sich auf Dergleichen richtet, der Uebelstand als solcher erkannt, das Bedürfniß empfunden wird; einmal so weit und die Abhülfe wird auch selten mehr gar zu entfernt sein.

Reinlichkeit kann Jeder üben, selbst der Aermste, es kostet kaum mehr als ein bischen Mühe. Und laßt sie nur einmal irgendwo recht Wurzel schlagen, sie wird sich bald über eure ganze Umgebung verbreiten. Wer seinen Körper reinlich hält, der wird nicht allein auch auf frische und saubere Wäsche halten, sondern zugleich seine Kleider weniger verunreinigen. Er wird keinerlei Abgang nur so in die Ecke werfen; sein Auge wird empfindlich: ein ungescheuerter Tisch, ein schmuziger Fußboden werden ihm bald zum Greuel und den Fliegen mag er fürder weder das Glas des Spiegels, noch der Fenster zum Mißbrauche überlassen. Bricht einmal leidigerweise eine Scheibe, dann schickt er doch lieber zum Glaser und nimmt sich vor, künftighin vorsichtiger zu sein, als daß er das Loch nur so mit einem Lumpen zustopft oder ein Papier drüber klebt. Abfall von Speisen in der Küche, Kehricht, gebrauchtes Waschwasser und dergleichen Alles wird nicht Tage- und Wochenlang aufbewahrt, sondern im Gegentheil sofort aus der menschlichen Nähe geschafft. Jeden Morgen werden alle Räume, Treppen wie Zimmer, gescheuert, wöchentlich auch gefegt; das versteht sich bald von selbst und verursacht wenig Mühe und Unbequemlichkeit mehr. An den blanken Fenstern will man saubre Vorhänge erblicken, je nach vier, sechs Wochen versieht man die Betten mit frischen Leintüchern und hängt wöchentlich, beim Wechseln der Leibwäsche, auch ein reines Handtuch hinter die Thüre. Alle paar Jahre wird man überdieß im Frühjahr finden, die Zimmerdecke sei den Winter über durch Ofenrauch und Oeldampf doch auch gar zu schwarz geworden und entstelle das ganze Zimmer. Man rechnet zwar, sperrt sich, indeß am Ende wird der Reinlichkeitssinn siegen und der Entschluß wird gefaßt, zum Gypser zu schicken und weißen zu lassen: es gefalle einem dann nachher noch eins so wohl zu Hause!

Schon durch diese regelmäßig wiederkehrende Thätigkeit aber wird eine bestimmte Zeiteintheilung, mit dieser von selbst die Ortseintheilung, das heißt eine allgemeine Ordnung sich ergeben, ohne daß man eigentlich sieht wie? bei der man blos sich sehr behaglich, zufrieden, glücklich fühlt und in welcher der gesammte Haushalt nur mit der halben Mühe gegen früher scheint geführt zu werden. Nehmen dabei die einzelnen Staats- und Modestücke auch ab, man wird sich trösten und weniger das Bedürfniß haben, etwas vorstellen, scheinen zu wollen, weil man das innerliche Gefühl hat, daß man wirklich etwas i s t. Sieht inzwischen die Frau auf der Straße nicht wie eine Dame aus, ei nun, so gleicht sie dafür im Hause doch keiner Hexe mehr: eine bequeme, einfache, reinliche Kleidung wird in ihr stets die Hausfrau erkennen lassen. Gleicherweise hält sie ihre Kinder reinlich und einfach und scheucht weder durch vernachlässigten Aufzug und Unordnung, noch durch im Zimmer zum Trocknen aufgehängte Wäsche den Mann f e r n e r in's Wirthshaus hinaus.

14. Recht sehen und richtig rechnen.

Die Bewohner aber, die einmal so in's rechte Geleise gekommen sind, werden auch von selbst bald anders s e h e n und anders r e ch n e n lernen.

Sie werden nicht nur merken, daß ihre ordentliche und reinliche Wohnung und die damit verbundene Lebensweise ihnen mehr zusagt, als die frühere vernachlässigte und ihnen, wie man sagt, dabei um's Herz wohl ist, sondern auch, daß sie auf die neue Weise in Allem besser fahren. Und wem wirklich der gute Stand seiner Wohnung eine angelegentliche Sache ist, wer mit der Lüftung, der Reinlichkeit und Ordnung desselben Ernst macht, der wird auch bald erkennen, wie weit e r helfen kann und an welche Uebelstände s e i n e Hand nicht mehr hinanreicht. Liegen diese in fehlerhafter Bauart, in schlechter Einrichtung, in nachtheiliger Umgebung, so wird er, wenn er zur Miethe wohnt, sich mit Vorstellungen an den Hausbesitzer wenden. Er wird Manches so erlangen können, weil der Eigenthümer gerne an seinem Hause etwas verbessert, wenn er sieht, daß sein Miethsmann ihm zu der Wohnung Sorge trägt, sie im guten Stande hält, nicht Alles drin und dran verlottern läßt, wo ihn sonst freilich jeder Batzen reuen würde. Solches wirkt oft mehr als alles Bitten und Beten. Wer in seinem Haushalte Ordnung hat, der ist auch ein regelmäßiger Zahler, es braucht keines Mahnens und Zuwartens, wenn der Zinstag da ist; man hat von solchen Leuten überhaupt weniger Störung, Verdrießlichkeiten zu erleiden und so ist es, neben dem natürlichen Wohlwollen, zugleich der wohlverstandene Vortheil des Hausherrn, wenn er seinem Miethsmanne sich gefällig zeigt. Thäte er dieß thörichter Weise nicht, oder ließe sich großen Uebelständen überhaupt gar nicht abhelfen, dann würde sich freilich der auf ein ordentliches und gesundes Quartier haltende Bewohner nach einer andern, gesundern, bessern Behausung umsehen müssen. Sie zu finden, würde ihm wohl nicht zu schwer fallen, denn einmal ist sein Auge geübt, er weiß, worauf es ankommt, was nachtheilig und was vortheilhaft ist und tappt nicht mehr gleichgültig oder unverständig in den ersten besten Raum, der sich ihm aufthut, ohne nur zum Fenster hinausgesehen zu haben, oder es zu beachten, wenn er mit dem Kopfe fast an die Zimmerdecke stößt. Und dann werden seine Ordnungsliebe, seine Pünktlichkeit, sein guter Ruf ihn den Hausbesitzern empfehlen vor zehn nachlässigen und leichtfertigen Miethern, wie sie alle Vierteljahr aus- und einziehen und ohne welche die Zahl der elenden Wohnungen bald sich vermindern würde, weil die Waare stets nach dem Käufer sich richtet.

Es ist möglich, ja wahrscheinlich, daß, wer auf ein freundliches, gesundes, wohnliches Logis sieht, etwas mehr Miethe zahlen muß als für eine Spelunke. Daneben wird er rechnen: So viele Franken muß er allerdings jetzt vierteljährlich mehr ausgeben, was hat er dafür? In der sonnigen heitern Behausung kann er im Frühjahr und Spätherbste wenigstens ein paar Wochen lang das Heizen sich ersparen, das ihm nun, gegenüber dem frühern feuchten und kalten Winkel, die bloße Sonnenlage abnimmt. Dann geht ihm von seinem Hausrathe, von Bettwerk und Kleidern in der trockenen und luftigen Wohnung weniger zu Schanden als in einem dumpfigen Loche, wo sich überall Schimmel und Faulflecken ansetzen. Die Hauptsumme indeß, die er gewinnt, besteht in den Franken, die ihn seine kränkelnde Frau und Kinder vordem kosteten und die in der gesunden Wohnung nun ganz oder zum großen Theile erspart werden. Es ist nicht nur das Geld, welches baar an Doktor und Apotheker ausgegeben wird, sondern auch jenes noch, das er in der Zeit zu verdienen versäumt, der ganzen Zeit, die Krankheit und Pflege der Seinen oder eigene

Erkrankung ihn zu Hause festhielten.

Von den Bewohnern solcher geordneten, reinlichen und gesunden Wohnungen, auch wenn sie in Fabriken arbeiten, gilt dann die allgemeine Annahme nicht mehr, daß ihre Lebensdauer eine viel kürzere sei, als die der vermöglichen Klassen. Daß von dieser größern Sterblichkeit die Wohnung und Lebensweise daheim weit mehr der Grund sind als die Arbeit, das beweisen am schlagendsten z. B. jene Arbeiterfamilien in den Musterwohnungen der Stadt London. In diesen sterben von tausend Menschen im Jahre höchstens 13 bis 14, während in andern schlechtern Häusern, ganz im gleichen Quartiere, ja mitten unter jenen Musterwohnungen, 27 bis 28 Todesfälle vorkommen. Solche Erfahrungen und Zahlen reden denn doch deutlich und es scheint, Jeder dürfte sie gar wohl mit in die Rechnung bringen, wenn er eine Wohnung aussucht und den geforderten Miethzins in Erwägung zieht. Wenn sich nun so beim Abschluß der Rechnung zeigt, daß die bess're, theurere Wohnung doch zugleich die billigere ist, so kann kein Vernünftiger mehr in seinem Entscheide schwanken, besonders wenn er ja noch Behagen, Zufriedenheit, Glück, die er darin findet, gratis obendrein erhält.

II.

1.

Die Dämmerung ist hereingebrochen; Liese und das 19jährige Liseli erwarten jeden Augenblick den Vater, denn das einfache Nachtessen ist parat. Unterdessen sitzen Mutter und Tochter am Fenster; nicht der Aussicht wegen, denn gegenüber gibt's nichts als graue, halb vom Kalk entblößte Mauern und halbverfaulte Läden, so nah noch, daß man meint, man könnte das Alles zum Fenster hinaus mit der Hand ergreifen. Also Aussicht gewährt das Fenster keine, wenn man nicht den Flügel öffnet und den Kopf in's enge Gäßchen hinunterbeugt, wo freilich zu jeder Tages- und fast zu jeder Nachtzeit etwas zu sehen wäre, was wunderfitzige und klatschsüchtige Augen und Zungen ergötzt. Aber zu dieser Klasse gehören unsere beiden Frauenzimmer nicht. Liese ist Wunderfitz und Klatschen vergangen, ohnedieß hat das nie ihre starke Seite ausgemacht; jetzt sitzt sie meist still und scheinbar nachdenklich in ihrem ererbten hochlehnigen Großvaterstuhl mit dem zierlich geschweiften und in der Mitte gegipfelten Zierrath, der die Füße des Stuhls in's Kreuz verbindet. Obgleich ihre 45 Jahre sie noch nicht beugen können, sitzt sie doch welk da, düster und trüben Angesichts. Zu klagen weiß sie nichts Besonderes, krank fühlt sie sich gerade nicht; aber sie ist matt, ohne gearbeitet zu haben, appetitlos, ohne gegessen zu haben, wehmüthig, ohne beleidigt zu sein, hat Schmerzen, ohne sagen zu können: „Ich bin krank, mir fehlt das oder jenes." Sie möchte klagen, aber weil sie eigentlich nichts Besonderes zu klagen hat, so verschließt sie, um Niemand Unrecht zu thun noch zu betrüben, ihre Klagen in sich, – und denkt fast ohne Aufhören, wie beklagenswerth sie sei.

Liseli sucht die stille, verschlossene Mutter aufzuheitern. Sie spricht von allem Möglichen, vom Markt und von der Eisenbahn, vom Unglück mit dem Steinweidling und vom Krieg; aber die Mutter gibt wenig Antwort. Liseli ist eine zartfühlende Tochter; was sie nach ihres Herzens Drang am liebsten erführe, das verschweigt sie am sorgfältigsten; die Mutter würde ihr den Kummer ja doch nicht offenbaren, der sie zu drücken scheint. Liseli thut, was in ihren Kräften steht, die Mutter zu stützen und zu erheitern, führt die ganze kleine Haushaltung und putzt dazwischen Bändel. Aber mit dem musterhaften Fleiß und dem schonenden Zartgefühl der Tochter ist der Einziggeborenen auch kein geringes Theil von Empfindsamkeit zu Theil geworden. Nicht daß sie solche je blicken ließe; aber in der dunkeln Küche, wo sie nicht beobachtet werden kann, rinnt Thräne um Thräne über die Wangen und sie fragt sich tausendmal in Gedanken, hab' ich etwa das gesagt, hab' ich etwa jenes gethan, daß der Vater, daß die Mutter unzufrieden ist? Und außer ihrem eignen Leid, das diese krankhafte Zärtlichkeit gegen ihre Eigenliebe ihr bringt, hat sie auch noch ein anderes, gerade bei solcher Gemüthsart tief einschneidendes Leid zu tragen. Sie sieht ja täglich, wie zwischen Vater und Mutter keine Liebe ist, wie sie, ohne zu zanken, doch allerlei kleine Ursachen zur Unzufriedenheit an einander suchen und finden, und wie so Eines dem Andern Unrecht thut, Eins das Andere täglich verwundend behandelt. Sie ist ja eine treue, liebende Tochter, wie sollte ihr das nicht durch's Herz gehen, daß Vater und Mutter so gegen einander sind. –

Jetzt kommt der Vater heim. Statt dem guten Abend heißt's

nur: „Habt ihr kein Licht in der Küche, ich könnte mir Hals und Bein brechen, bis ich zur Stubenthür komme." Schnell holt Liseli ein Licht und ohne Umstände setzt man sich und ißt die Suppe, die trotz Salz und Pfeffer nicht gewürzt ist. Gleich darauf geht der Vater noch „zu einem Kameraden, um sich zu erholen;" es ist ihm zu trübe zu Hause. Mancher Andere geht noch in's Bierhaus; er nicht. Und darum hält er sich für einen musterhaften Hausvater, und weil er Frau und Kind nicht schilt und zankt.

Liese geht erschöpft zu Bette, um in ängstlichen Träumen und unruhigem Schlummer das freudlose Leben des Tages fortzuleben; Liseli aber muß auf die späte Zurückkunft des Vaters warten, ehe es seine Ruh' im Kämmerlein suchen kann.

2.

Es ist merkwürdig, es ist bejammernswerth, wie viele Familien eines wackeren Arbeiterstandes vergeblich ringen und streben, glücklich zu werden und es nicht werden können. Wohl suchen sie das Glück im Frieden und zanken und streiten nicht, aber es ist ein fauler Friede; wohl sind sie arbeitsam und sparen, aber während das Sparkassenbüchlein wächst, wird ihr Herz ärmer und ärmer. Das Herz des Menschen bleibt zwar immer die Hauptquelle alles Uebels, das ihn trifft; aber es gibt doch auch äußere Ursachen, die wie ein Mistbeet jene Disteln und Dornen hervortreiben, durch welche die Arbeit in Fluch verkehrt wird; und eine der wesentlichsten ist **eine unzweckmäßige Wohnung**. Das zeigte sich z. B. bei unsrer Familie.

Vom Lande, wo die kleine Landwirthschaft und daneben das Posamenten eine kleine Haushaltung ordentlich durch's

Leben bringt, wo aber gerade der letztere Erwerb etwas unregelmäßiger Frucht trägt, als das Arbeiten in der Fabrik selbst, zogen Heiri und Liese mit ihrem Liseli in die Stadt, um es „besser zu machen." Bei der allgemeinen Noth, um ein passendes Geld ein passendes Logis zu bekommen, war es ihnen sehr erwünscht, daß der Vetter Hans, welcher in einer hintern Gasse ein eigenes Haus hatte, und wo er durch Vermiethen seiner kleinen Logis „frei" saß, ihnen aus Freundschaft ein solches, eine Stiege hoch, um den gewöhnlichen Zins anbot. – Zwar wollte ihnen die Wohnung nicht recht behagen, aber so viel sie sich vorher erkundigt hatten, sie sahen eben ein, daß fast Niemand ihres Standes und Berufes besser versorgt sei. Giebt es doch Häuser mit 6 Kreuzstöcken in der Fronte, wo 11, sage elf Familien wohnen, weil fünf gegen den engen Hof hinaus die einzige Aussicht haben. – Und der Vetter war recht ordentlich, kujonirte nicht wie mancher, der sich als Hausherrn fühlt, seine Abmiether mit allerlei unnöthigen Scherereien, daß man sich kaum zu regen wagt. Er war nicht stolz, sondern recht freundlich, und besonders gegen Heiri's. Daher schickten sie sich in das nothwendige Uebel und zogen damals ein und waren eben jetzt in's vierte Jahr da. Wie schätzten sie sich im Anfang glücklich, in die Stadt gezogen zu sein; denn der Verdienst gieng recht ordentlich und das Geld floß wie ein bescheidenes Brünnlein regelmäßig in's Haus. Auch das Logis lernten sie trotz vieler Unbequemlichkeiten schätzen; denn sie hatten im Hause Frieden. Freilich auf dem Lande hört man nicht oft von Hausstreit zwischen Nachbarn, außer wenn sich an ihnen das Sprüchwort erwahrt: „Halbes Haus, halbe Hölle." Aber in der Stadt, wo so viele Hausleute zusammengepfercht wohnen, sind Zwist und Unfrieden leider nicht selten. Neid, Eifersucht, Klatschsucht, Ungefälligkeit, Empfindlichkeit, Kinder, Gassenkehren und unzählige andere Ursachen verbittern manches Leben, zerstören manchen Hausfrieden.

Jahrelang können Nachbarn sich in ein Leben von Haß und Bosheit einnisten, einander durch alle erdenklichen Mittel, Verklagen beim Hausherrn, das Leben verleiden, Hohn und bissige Worte aus dem Logis zu vertreiben suchen, und vergessen darüber den hohen Adel und die himmlische Berufung der menschlichen Seele.

All' dieß Leid erfuhren Heiri's nicht an sich selber; denn der Vetter wachte streng über die Hausordnung, und deßhalb waren seine Logis gesucht und nie eines leer. Aber es gab aus der nächsten Nachbarschaft manchen bedauerlichen Auftritt zu hören, oft am Morgen, ein anderes Mal am Abend, heute links, morgen rechts, daß Liese oft sagte: „Gott Lob und Dank, daß wir beim Vetter sind!" Sie vergaß darüber beinahe die Unbequemlichkeiten und das Unfreundliche und Unbehagliche ihres Hauses. Denn so heimelig wie auf dem Dorfe war's just nicht. Die enge, düstere Gasse war selten trocken, weil die Sonne nie auf den Boden scheinen konnte, und weil vom Morgen bis zum Abend, wenn nur nicht gerade der Landjäger da war, manches Spül- und Bartwasser von oben herunter oder von der Hausthüre aus auf's Pflaster gegossen wurde. Trat man in den Hausgang, so roch's just auch nicht nach Rosenöl, sondern fast wie bei der Gasfabrik; denn zunächst an der Hausthüre war der gemeinschaftliche Abtritt und dahinter ein Verschlag für alle Arten von Abgängen, die von Morgens bis Abends von allen sechs Hauspartheien hier zusammengeworfen und dann in Kehrordnung dem melancholischen Schellenwagen anvertraut wurden. Die Passage war im engen Hausgang oft durch den offenen Kellerhals unterbrochen, was besonders Abends immer einige Vorsicht nothwendig machte, für Fremde aber wirklich gefährlich war. Weit hinter dem langen Gang war die Stiege, die man aber, wenn man so vom Tageslicht hereinkam, nicht mit den Augen, sondern mit den Füßen aufsuchen mußte; auch über diese Schwierigkeit half Uebung und Gewohnheit. Oben kam man von der Stiege aus wieder an die Küchenthüre, welche ein paar Glasscheiben hatte, die fast eben so gut hätten wegbleiben können; trat man durch die Küche weiter, so gelangte man abermals zu einer Thüre mit Glasscheiben, die Stubenthüre; und neben der Thüre gieng auch noch ein Fenster aus der Küche in die Stube; denn außer dieser Beleuchtung gab's kein anderes Tageslicht in der Küche. Die Stube war gegen die sonst im Hause herrschende ägyptische Finsterniß hell; denn sie hatte einen breiten Kreuzstock, wobei es nicht viel ausmachte, daß das zweischläfrige Bett etwas vor dem Fenster stand. Neben der Stube war noch ein Kämmerlein; denn, merkwürdigerweise kommt das nicht selten vor, das Haus ging hier vor einem Theil des Nachbarhauses durch, so daß man sich denken kann, welche Fülle von Licht der Nachbar in seinem versteckten Winkel haben mag. Diese sonderbaren Verzackungen werden wohl jener Zeit ihren Ursprung verdanken, wo ein Bürger dem andern bei einem Glase Wein die wichtigsten Hausgerechtigkeiten „für einen Abendimbiß" verhandelte. Aber gerade für Vetter Heiri's Haus war das ein Vorzug, weil es gegen die Gasse zwei Fenster, hatte. Gar viele Logis haben statt eines Kämmerleins nichts als einen dumpfen, dunkeln Alkoven hinter der Stube, eine Einrichtung, welche meist durch erwähnte einspringende Winkel oder durch große Tiefe der Häuser bei geringer Breite veranlaßt wird. Das sind aber wahre Mördergruben; denn in solchen Winkeln setzt sich die Feuchtigkeit so fest, daß keine Tapete hält, daß feines grünes Moos sich ansetzt, ja im Winter das Wasser wie an feuchten Felsen heruntertropft. Und wer da schlafen muß, wo der Leim der Bettstellen in Furnieren und Fugen sich auflöst, wo ein eckelhafter Modergeruch Betten und Kleider durchdringt, wie kann der bei stärkster Gesundheit gesund bleiben? Es giebt leider solche Häuser, besonders, wo stark bevölkerte Quartiere in hügeligen Gegenden der Stadt vorkommen, in welchen die Hinterräume und Hinterhäuser in den Berg eingebaut sind. Da sollte von Polizei wegen die Anordnung von Luftkanälen zur Ventilation vorgeschrieben und im Nothfall zwangsmäßig ausgeführt werden, da sollten sämmtliche feuchten Mauerwände mit Asphaltmörtel, mit Theer- oder mit Asphaltfilz bekleidet und vertäfelt oder doppelt (zuerst mit starkem Packpapier) tapeziert werden. Denn nur Schutz gegen äußere und Auftrocknung der innern Feuchtigkeit, gleichzeitig angewendet, vermögen diesen schreiendsten Uebelstand zu heben.

Wie gesagt, Vetter Heiri's Haus hatte manchen Vorzug vor andern Häusern gleicher Klasse, und darum ließ sich's zur Noth darin wohnen; darum trachteten auch Heiri und Liese nicht nach einem andern „Losament." Heiri war den Tag über auf der Arbeiterstube; der spürte am wenigsten von der Unbequemlichkeit des Hauses. Aber Liese weinte im Anfang zuweilen in der Stille, weil es das Heimweh nach seinem freundlichen Stüblein auf dem Dorf nicht ganz verwinden konnte. Zwar, ob's das Dorf sei, mit seinen Baumgärten und grünen Matten und niedern Häusern oder die trauliche Bekanntschaft der Leute im Dorf, die Alle einander duzen, das wußte es nicht; aber etwas fehlte ihm. Jahr aus, Jahr ein war's auch das ewige Einerlei in der Arbeit, nur daß man im Winter noch zu heizen hatte. Am Morgen brannte in der finstern Küche das Aempele, im Winter selbst Mittags, und Abends jedenfalls wieder. Ob das Geschirr sauber und blank sei, war beim besten Willen nicht gut zu unterscheiden und Alles mußte mehr im Griff als nach dem Augenschein geputzt oder gekocht werden. Kein Wunder, daß Liese zunächst die gewohnte Freude an der Reinlichkeit in der Küche verlor. Liseli bekam manchen „Schnauz", wenn es die Pfanne, welche die Mutter schon ausgerieben hatte, noch einmal visitirte; denn Liseli war sehr exakt und nahm eher Kellen und Löffel und Gabeln und Messer an's Stubenfenster, als daß es auf's Gerathewohl das Geschirr auf dem Küchenschaft versorgt hätte.

Im Winter gings nicht sehr früh her. Der Milchmann kam spät und vorher nützte das Aufsein nicht viel. Wäre Liseli gern, wie gewohnt, um 5 oder halb 6 Uhr aufgestanden, so war der Vater unzufrieden, man müsse das Licht ja schon am Tag genug in der Küche brennen und zu thun sei ja nichts Nothwendiges. Liese kam so in jenen verderblichen Schlendrian der Hausordnung, wo man den ganzen Vormittag in ungekämmtem Haarschmuck und im schlampigen Staat des Unterrocks und Nachtkittels herumhanthiert und sich lobt, daß man das Bett gemacht und die Stube gewischt hat. Das war aber dem Liseli gar schwer; doch durfte es aus Ehrfurcht und Scheu der Mutter nichts sagen und strengte sich in seinem Theil um so mehr an, der Ordnung heil'ge Zucht zu wahren. Es nahm den Staub fleißig auf und überschwemmte regelmäßig am Samstag Nachmittag den Stubenboden mit einer Fluth warmen Wassers und fegte und wirthschaftete im Zimmer, bis alles rein und hell schien; so auch im Kämmerlein, wo es schlief. Dabei wurden die Fenster und Thüren aufgemacht, daß es lustig durch die Stube blies, damit Alles schneller trocknete. Dieß Lüften wäre, besonders im Winter, eine rechte Wohlthat gewesen, wenn man dem schädlichen Zuge und dabei der Feuchtigkeit hätte ausweichen können. Aber daß dieser Luftzug schädlich sei, wußten weder Liese noch Liseli; auf dem Lande ist man ja bei der Landarbeit immer der freien Luft und allem Wind ausgesetzt, ohne Nachtheil. Zahnweh und Kopfweh schrieben sie vielmehr der veränderten Kost, der andern Luft und dem vielen Sitzen zu. Zudem that ihnen der erfrischende Hauch einer zum Fenster hereinströmenden Luft für den Augenblick wohl, denn der Küchenqualm und der Stubendunst waren oft recht drückend. Aber im letzten Winter wurde die Mutter anhaltend unpäßlich, ohne daß sie wußte warum, noch eigentlich sagen konnte, was ihr wehe that. Bald Stechen in der Seite, bald Kopfweh, wenig Appetit und wenig Muth, das war ihr Uebel. Dabei wurde sie blässer und abgezehrter. Den Doktor wollte sie nicht, denn von Zeit zu Zeit gings wieder besser. Endlich aber wurde dem guten Liseli bang und es ließ nicht nach, bis der Vater zum Doktor ging.

3.

Der Doktor kam; ein freundlicher Mann mit wohlwollendem Blick und klugen Augen, ein Freund der Leidenden und gar oft und viel ein Tröster und treuer Berather der Armen. Es war gerade der rechte Zeitpunkt, um auch den Heiri anzutreffen, der eben Feierabend gemacht hatte. Denn Heiri hätte gerne gewußt, was seiner Frau fehle, theils um sich zu versichern, daß es keine kostspielige Krankheit gebe, theils weil er eigentlich doch mit seiner Frau rechtes Mitleid gehabt hätte, wenn es mit ihrem Leiden länger oder ärger geworden wäre.

Der Herr Doktor war bald fertig mit seinen Fragen und sagte dann freundlich aber ernst: „Liebe Leute, die Sache ist nicht gefährlich und nicht bedeutend, aber sie kann es werden, wenn I h r nicht Schritte thut. Eure Frau bedarf eigentlich keine Medizin; doch will ich ihr etwas verschreiben, das ihr für jetzt Erleichterung verschafft. Aber sie bedarf eine K u r." So tröstlich der Anfang für Heiri war, so unangenehm berührte ihn dieß Wort. „Aus diesem „L o c h" müßt ihr heraus, sonst endet's mit Gicht und Typhus, Euch fehlt hier ja Luft und Licht, diese unentbehrlichsten Bedingungen der Gesundheit. In dieser engen Gasse, wo Massen von Menschen zusammengedrängt athmen, wo bis in weite Entfernung kein grüner Baum, kein freier Platz zu treffen ist, da ist die Luft verdorben und wird zudem noch mehr verschlechtert durch die vielen unreinen Stoffe, die man aus Bequemlichkeit auf die Gasse wirft, statt in den Abtritt; und dann noch die Nähe der School, dieses Pfuhls von Gestank und Unrath. Jedes Thier und jede Pflanze bedarf frischer Luft zum Gedeihen, um wie viel mehr der Mensch mit seinem zarten und wundervollen Körperbau. Wenn auch die Regierung alles Mögliche thut, den bestehenden Uebelständen abzuhelfen, so kann sie nun einmal den Hauseigenthümern nicht verbieten, Leute ins Logis zu nehmen, drum sollten diese selbst auf ihre Gesundheit denken und dahin gehen, wo sie genug frische Luft haben. – Und hier habt ihr ja nie einen Sonnenblick, entbehrt sogar den freien Anblick des Himmels, wenn ihr nicht das Fenster aufmacht und den Kopf gewaltsam in die Höhe dreht. Streckt sich doch jede Blume der Sonne entgegen und öffnet ihr verlangend ihre Krone. Betrachtet einmal die Keime der Rüben und Kartoffeln im Keller; die bringen freilich Blätter hervor, aber was für? Bleichsüchtige, kraftlose, schwammige Gebilde, die mit dem üppigen Grün und vollen Wuchs der Ackerpflanzen sich gar nicht vergleichen, sie gar nicht einmal erkennen lassen. Wie ist's denn anders möglich, als daß der Mensch in solch' dunkeln und dumpfigen Räumen verderbe an Leib und Seele?"

Der Doktor hatte wahr gesprochen an L e i b u n d S e e l e. Den Schaden hatte er in seinem vollen Umfang durchschaut, wenigstens geahnt. Denn wohin war Liese's Zufriedenheit und Freundlichkeit, wohin Liseli's offenes, heiteres, und dabei doch zartfühlendes Wesen geflohen? Sie waren dahin, unerkannt und allmälig, und Heiri war, wie er meinte, nüchterner geworden und nicht mehr so narrächtig gegen seine Liese; aber im Grunde hatte er nur die Liebe des Gatten gegen das kalte und mürrische Betragen eines

Eheknechts vertauscht, der sich nicht mehr von den Fesseln einer veredelnden Zuneigung, sondern von denen der Pflichtschuldigkeit gefangen fühlt. Darum mied er Abends Frau und Kind und hielt sich an den muntern, witzigen Kameraden; darum fehlte diesem Hause der Segen eines Familienlebens.

So viel vermag der Einfluß einer ungünstigen Wohnung. Er kann glückliche Geistes- und Gemüthsanlagen erdrücken, kann Wohl in Wehe, Gesundheit in Krankheit verkehren, – und man wird sich nicht bewußt, woran's liegt, schiebt die Schuld allein auf bösen Willen, Gleichgültigkeit, düstere Gemüthsart seiner Nächsten. Und s'ist doch so klar, daß die düstere Stube, in der man das halbe Leben und mehr zubringt, nicht trübe Augenblicke erheitern, die feuchte Luft, die man athmet, nicht feuchte Wangen trocknen kann, daß die Frische der Gemüthsstimmung und des Leibeslebens vielmehr dahinwelken muß.

Welchen Eindruck des Doktors Rede in den verschiedenen Gemüthern der kleinen Familie hervorbrachte, läßt sich leicht voraussehen. Liese, die stille, meist in sich verschlossene Gewohnheitsnatur konnte sich's gar nicht reimen noch richten, daß sie aus des Vetters Haus sollten. Von dem, was der Doktor gesagt hatte, begriff sie wenig, sie glaubte ihm nur, weil er sie mit Gicht und Typhus geängstigt hatte. Wie dem Vetter die Sache mitzutheilen, ihm des Arztes Gründe deutlich zu machen auf schonende Art, das machte sie rathlos; wie ein anderes Logis finden, wo es das erstemal schon so schwer gehalten, das waren der ängstlichen Natur vollends unübersteigliche Hemmnisse. Liseli wußte eigentlich nicht, was nun werden sollte, ob die Mutter den ganzen Sommer nach Frenkendorf oder gar auf die Sennweid gehen müsse, um sich zu erholen; oder ob sie wieder auf's Land ziehen würden, um das frühere Leben auf's Neue zu beginnen; aber sie erschrak ob dem Gedanken, daß nun die Last einer wenn auch kleinen Haushaltung allein und einzig auf ihre Schultern fallen würde. Heiri aber schien in sich gekehrt. Er fühlte halb und halb, daß es von ihm Unrecht gewesen sei, nicht besser auf die Gesundheit seines Weibes geachtet zu haben und überhaupt ein gleichgültiger Lebensgefährte der Seinen gewesen zu sein. Er wollte anders werden; aber wie schwach ist der Mensch? So lange der Eindruck des Vorgefallenen frisch blieb, hielt er sich brav, aber die alten Umstände zogen ihn unwiderstehlich in die alten Gewohnheitsfesseln, bis auch in der äußern Lebensführung ein neuer Abschnitt ihn in neue Verhältnisse brachte, und zwar zunächst in eine neue Wohnung.

4.

Nach vierzehn Tagen kam der Doktor mit Schulmeisters Fritz Abends zu Heiri's. Fritz war seit zwei Jahren in Basel und Aufseher bei den Zettlerinnen in der S...'schen Fabrik. Gewandt, anschicklich und in allem genau und treu, hatte er das Zutrauen und Wohlwollen seiner Herren bald gewonnen und eine angenehme Stellung erlangt.

Als kleiner achtjähriger Knabe war Fritz oft zu Heiri's, die neben dem Schulhaus wohnten, hinübergegangen; dann aber hatte sein Vater eine andere Lehrerstelle bekommen und seitdem hatte man sich nicht mehr gesehen. Fritz gab sich zuerst zu erkennen und Heiri und Liese freuten sich des längst fast ganz vergessenen Nachbarn. Liseli, das bei Fritzens und seiner Eltern Wegzug aus ihrem Dorfe erst zwei Jahre alt gewesen war, hatte keine Erinnerung an jene Zeiten mehr, Fritz war ihm eine weltfremde Seele und es blieb in der Küche und kochte beim trüben Schein des

Lämpleins.

Der brave Doktor rückte nun zuerst heraus, warum er gekommen. Er hatte den Leuten ein Logis ausfindig gemacht, wie sie's brauchten; nicht viel größer, fast gleich in der Einteilung, und nur unbedeutend theurer als ihr jetziges; aber dafür freundlich, bequem, hell, luftig und sonnig. Das Logis gehörte eben dem Fritz, der vor dem Thor ein eigen Häuslein gebaut hatte nach dem Muster der vordersten Arbeiterwohnungen auf der Breite. Ein Häuslein für zwei Familien mitten in einem Gärtlein, und neben ihm ein Nachbar an gemeinschaftlicher Scheidemauer.

Fritz hatte noch vor wenigen Jahren gerne in Kleidern und sonntäglichen Lustparthieen den Flotten gemacht, war sogar einmal, als er bald nach dem Eintritt in seinen jetzigen Dienst zu Zettlerinnen auf's Land mußte im Interesse des Geschäfts, mir nichts dir nichts einen Ausflug nach Zürich gemacht und so drei Tage alle Geschäfte seiner Herren an's Nägelein gehängt. Aber das strenge Mahnwort der Herren, die einen weniger Brauchbaren auf solchen Leichtsinn hin ohne weiteres verabschiedet hätten, war ein gutes Wort zu guter Zeit für ihn geworden. Ein guter Geist leitete diesen muthwillig kräftigen Strom in sein rechtes Bette; er dachte daran, seinen reichlichen Verdienst zur Erwerbung eines Heimwesens zu verwenden, und als sich ihm Gelegenheit bot, mit einem Andern gemeinschaftlich einen Viertel Land zu kaufen, gab er freudig seine theils von den sel. Eltern ererbten, theils ersparten 1500 Fränklein dafür hin. Ohne Säumen wurde mit seinem Halbpartmann das Nothwendige verabredet und sie verakkordirten einem geachteten, für das Wohl der Arbeiterklassen thätigen und liebevoll besorgten Baumeister ihre Häuser nebst gemeinschaftlichem Ziehbrunnen, wofür jeder 7500 Fr. zu bezahlen hatte. Alle Rücksichten auf Bequemlichkeit und Gesundheit waren aufs

Sorgfältigste erwogen, bis Baumeister und Bauherrn sich befriedigt gefühlt hatten. Leider fing schon mancher an zu bauen, ehe er recht wußte, was er wollte, wünschte nachher Veränderungen und die Folgen waren, daß keine rechte Einheit in's Ganze kam und am Ende die Kosten fast um die Hälfte den Voranschlag überstiegen und daß der Bauherr sich ein ganzes Leben lang mit Schulden und Sorgen zu schleppen hatte, an denen nichts als seine Voreiligkeit und Sorglosigkeit Schuld war. Fritz hatte kluger gehandelt und hat's später nie bereut. Und die Herren hatten ihm gerne geholfen und ihm das nöthige Geld zu billigen Procenten dargelehnt. Das Haus war eben fertig geworden. Fritz behielt das obere Stockwerk für sich, das untere nebst Kammer, Keller- und Estrich-Antheil mit einem kleinen Gärtlein wollte er verlehnen. Das hatte der Herr Doktor erfahren, ihn aufgesucht und ihn hieher geführt, damit er selber die Sache ins Reine bringe. Heiri sollte, so wurde nun ausgemacht, am nächsten Sonntag das Logis einsehen, darüber seinen Leuten Bericht abstatten, und wenn's Allen recht war, wurde der Miethakkord fix und fertig gemacht. Unterdessen sollte auch Liese mit ihrem Vetter, dem Hausherrn, ein Wörtlein reden, und sich auf den Herrn Doktor berufen, daß sie eine Luftveränderung machen müsse und daß sie nicht gern von der Haushaltung gehe und daß sich's gerade so schön schickte mit dem Logis von Fritz. Sie durfte auch wahrheitsgemäß beisetzen, daß sie nicht gerne aus des Vetters Haus fortgingen und nur Gutes und Liebes von ihm erfahren haben, so lange sie bei ihm gewohnt hätten.

5.

Am Sonntag nach dem Essen bürstete Heiri den Hut mit dem Rockärmel ab und ging vor's Thor zu Fritzens neuem

Häuslein. Das war freilich eine ordentliche Strecke bis da hinaus, das kostete ihn auch ein paar Schuh mehr im Jahr; und vollends bei Regenwetter und Sturmwind, bei Hagel und Hurlete im Winter, und wenn man gar den Regenparisol nicht bei sich hatte? Heiri wurde fast mit jedem Schritt bedenklicher: eine halbe Viertelstunde noch vors Thor hinaus! Und gar nicht an der Straße, sondern so abseits; das war ja gar zu langweilig, wenn man am Werktag keine Marktleute und am Sonntag keine Spaziergänger sah.

Nach einigem Suchen kam er zum richtigen Fahrweg und sah die zwei niedlichen Häuslein mit ihrer röthlichen Farbe und grünen Läden und dem schimmernden neuen Dach. Vorn war es mit Latten einfach eingehegt und ein lebendiger Haag dahinter angepflanzt. Durch's Gätterlein ging's, um die Ecke herum, – und an der Hausthüre stand er, wo Fritz ihn freundlich bewillkommte.

„S'ist doch weit zu Ihnen, aber hübsch ist's, das muß man sagen, wenn man's erlebt hat, herauszukommen." – Freilich, antwortete Fritz, ich tauschte jetzt nicht mehr mit dem besten Logis in der Stadt. Seit vorgestern übernachte ich hier zum erstenmal und – s'ist ein ganz ander Leben. Von des Lehenmanns dort hab' ich einstweilen das Essen, und wenn ich Hausleute habe, und sie mögen, so will ich die Kost bei denen nehmen bis auf weiteres. Darum wär's mir lieb, wenn Ihr's wäret. Man hat halt mehr Zutrauen zu seinen Bekannten.

Jetzt gingen sie in's Haus. Die gegen Sonnenaufgang gerichtete Hausthüre führte zu einem kurzen und nicht sehr breiten Gang, links eine Thüre, hinten eine Thüre und rechts zunächst die Kellerthüre und unmittelbar daneben der Antritt der Stiege ins obere Stockwerk. Die Thüre links führte in die Wohnstube. Sie war nicht groß, aber hatte

Platz genug, um bequem und schicklich ein Bett, Tisch, Kommode und ein paar Stühle zu stellen und enthielt in der Seitenmauer einen geräumigen Wandkasten. Rechts neben der Thüre war der Kunstofen, der vom Kochen in der Küche warm wurde, aber im Sommer auch vom Küchenfeuer abgeschlossen werden konnte. Das breite Fenster sah gegen die Mittagseite und man überblickte von da aus die Gegend gegen Gundeldingen und St. Jakob und dahinter erhoben sich die Anhöhen bei Mönchenstein und Muttenz mit den in ihren Buchten wie in sicherm Mutterschoß gebetteten Gütern Asp und Gruth, überragt von den Zeugen längst vergangener Zeiten und Ereignisse, den altersgrauen Ruinen von Wartenberg und Reichenstein.

Zunächst unter dem Fenster war der hintere Theil des Gartens in Gemüsebeeten nach der Schnur getheilt, von einem gekreuzten rabattenumsäumten Kieswege durchschnitten; die nähere Hälfte sollte zum untern Logis gehören, die jenseitige behielt sich Fritz vor. Noch war nichts Grünes zu sehen, erst kurz noch die in den Rabatten an weiße Pfähle abwechselnd festgehefteten Rosenbüsche und Spalierbäumchen hingepflanzt worden. Alles war erst im Werden. Aber ein Sinn, das Nützliche mit dem Angenehmen zu verbinden, waltete wohlthuend und Billigung weckend durch die ganze Anordnung.

Als man die mit einer hellen blauen Tapete bekleidete, an Lambrieen und Thüren und Fenstern perlfarben gemalte Stube genugsam und wohlgefällig betrachtet hatte, ging man ins Nebenstüblein. Es hatte, gleich der Stube selber, Länge genug, um längs der Scheidemauer zwei Betten hintereinander zu stellen; vorn war das Fenster, in der wohlgemessenen Breite eines Flüges, so weit auf die Stubenseite hinübergerückt, daß rechts davon eine volle Bettbreite reichlich übrig blieb; und dem Fenster gegenüber, gerade seiner Stellung und Breite entsprechend, eine etwas schmälere Thüre, denn gebräuchlich. Das Stübchen war noch breit genug, um an der Riegelwand links ein Kensterlein oder eine kleine Kommode zu stellen, und die helle graue Tapete mit ihrem einfachen Muster und der rothen Bordüre machte das Zimmerchen recht heimelig und wohnlich.

Nun schritt man durch die schmale Thüre hinaus in die Küche. Wie nett alles eingerichtet, daß man glaubte, man könnte nur dreinstehen und kochen. Das Fenster war nicht breiter als im Kämmerlein, aber für den nicht sehr großen Raum breit genug bei seiner freien Aussicht. Am Fenster der Wasserstein und neben dem Fenster herunter das Wassersteinrohr aus der obern Küche; rechts daneben, gegen die Ostseite zu, in der Wandecke, der Wasserbank, links in der Ecke der Fensterseite genügender Platz für einen Tisch; gerade gegenüber neben der Kammerthüre Geschirrschäfte, und ein Pfannenbrett um die Kaminschoß; so daß die ganze Seite an der Scheidemauer frei blieb für einen oder zwei Küchekästen. In der Ecke aber zwischen Gangthüre und Kammerthüre war der Heerd mit zwei Löchern, einfach aber bequem, daneben in der Eckseite, ganz unter der eigentlichen Kaminröhre ein Kohlenrost über dem Aschenbehälter. Die gelbe Ocherfarbe und der frisch gelegte Plättleinboden sahen recht appetitlich und reinlich aus.

Nun hinaus in den Gang. Zunächst links, etwas zurücktretend, das unvermeidliche Uebel, der Abtritt, der so vielen Häusern zur Plage, und ihren Bewohnern zur Last und zum Verderben ist. Man wollte da nicht vorübergehen. Es war reinlich und hell in diesem Gemächlein, gegypst, Boden und Sitz gehobelt; hob man den Scharnierdeckel des Sitzes auf, so bemerkte man den innen glacirten Becher und die Röhre; der Deckel aber schloß durch sein eigenes Gewicht ziemlich dicht. Heiri hätte wohl nicht so neugierig diese ganze Abtheilung des Hauses untersucht, wenn ihm nicht Liese besonders diesen Punkt eingeschärft hätte; warum, kann man sich denken. Und jetzt ging's die Stiege hinauf, denn unten war man fertig.

Fritz zeigte sein eigenes Logis; da man doch einmal dran vorbei mußte, und weil auch dem Heiri es hier je länger desto besser zu gefallen schien. Da war Alles genau gleich eingetheilt, bis auf die Tapeten. Im Wohnzimmer streute sich gleichsam ein Regen von zartblättrigen weißen und rothen Röselein über den bläulich grauen Grund der Tapete herab und im Kämmerlein wucherten in dichtem Geflechte helle gelbliche Blätter auf lilafarbnem Grunde. Die Aussicht war die gleiche, nur durch die Höhe freier und lichter. Aus Stube und Nebenstube die malerische Rundsicht auf Hügelketten und dazwischen hinein in das breite, stattliche Birsthal, aus der Küche nach Norden hinüber auf das Häusermeer der Stadt, auf das Geschwisterpaar der Münsterthürme und links den hohen gelben Giebel von St. Leonhard. Vom Gang aus blickte man durch einen Kreuzstock von gewöhnlicher Größe nach Osten gegen die offene Thalweite des Rheins zwischen den noch blätterlosen Baumgruppen und Landhäusern auf dem Göllert hindurch und hinaus, und die Lokomotivpfeife der Centralbahn rief gerade ihren Bewillkommnungsgruß herüber; im Gange selbst war es hell und die bequeme Stiege gut und zweckmäßig erleuchtet.

Auch Kammern und Keller wurden mit der Inspection nicht verschont. Gerade über der Wohnstube war eine wohnliche, mit hellem Giebelfenster versehene, gewickelte und weißgetünchte Kammer, ein Stüblein, wenn man lieber will; daneben mit Dachfenster gegen Süden eine ähnliche; der hintere Estrich neben der Stiege war durch Latten in zwei Holzkammern getheilt und zwischen beiden Kammerseiten zog sich eine Art von Gang hin bis zur Scheidemauer, wo man im Nothfall bei Regenwetter Wäsche trocknen konnte.

Unten aber im Keller gelangte man zuerst in den auf der Nordseite liegenden Vorkeller, und von hier aus in die beiden wohlerleuchteten lattengetheilten und verschließbaren Kellerräume auf der Südseite.

Fritz füllte eine Flasche aus einem kleinen Fäßchen Füllinsdörfer und nahm sie mit hinauf. Da tranken sie denn in Ehren noch ein Gläschen auf künftige gute Nachbarschaft und auf der lieben Liese Gesundheit.

6.

Liese hatte unterdessen auch ihre Erlebnisse gehabt. Sie hatte das Liseli zum Vetter geschickt, ob er nicht wollte so gut sein und ein wenig herunterkommen, es mache ihr gar viel Mühe, die zwei Stiegen zu steigen; aber sie sollte etwas Nothwendiges mit ihm reden. Der Vetter versprach bald zu kommen; es sei nur jemand bei ihm und die Base sei noch nicht heim, werde aber bald aus der Kirche zurück sein. Nicht lange, so war der Vetter unten und: „Guten Abend, wie geht's Base?" gab er dem Gespräch sogleich für die diplomatischen Absichten der Liese erwünschten Eingang. Leider hatte Liese jetzt nicht vom Besten zu rühmen, und ein Wort gab's andere, von der Kränklichkeit zum Doktor und vom Doktor zur Landluft und von der Landluft zum Logis vor einem Thor – und jetzt war's gesagt.

Der Vetter war nicht betroffen, sah Alles Punkt für Punkt wohl ein, und es hielt nicht schwer, ihr den schweren Sorgenstein vom Herzen zu nehmen. Es traf sich ja ganz prächtig. Der Freund, der oben bei ihm war, suchte gerade ein Logis auf 1. April und hatte gehofft, bei ihm anzukommen. Natürlich hätte es ihm wehe gethan, jemand aufzukünden, am schwersten hätte es ihm aber gemacht, seine Verwandten zum Ausziehen irgendwie zu veranlassen, obgleich jener ihm ein lieber Freund und gegenwärtig in Verlegenheit sei.

Liese war das schon recht; nur auf ersten April schon? Wie das gehen sollte, konnte sie sich nicht vorstellen; es war ja nicht mehr volle vier Wochen.

Als der Vetter sich wieder verabschiedet hatte, sprachen Mutter und Tochter noch allerlei von der bevorstehenden Aenderung und was wohl der Vater für Bericht bringen werde und ob vielleicht das und ob vielleicht jenes. – Und der Vater brachte frohe Nachricht. Vergessen war der lange Weg, vergessen Sturm und Schneegestöber, Regen und Riesel. „Als ich dort wegging, war mir's, ich käme aus einem Kirchlein, und es tönte in mir wie Orgelton und Lobgesang und der Weg heim ist mir vorgekommen wie eine Spanne." –
Und weißt du auch, daß wir schon in vier Wochen fortkönnen, und brauchen nicht erst aufzukünden? Der Vetter ist dagewesen ... und nun ging's an ein Erzählen hin und her und Pläne wurden gemacht, was man alles pflanzen wolle und wie man alles stellen wolle und wie man im Gärtlein ein Cabinetlein machen müsse, daß man bei schönem Wetter dort Kaffee trinken oder gar zu Mittag essen, oder auch am Sonntag in der Stille etwas Schönes lesen könne. – Man wurde nicht fertig. Der Kaffee, der nebst den gepregelten Erdäpfeln für Abends und Nachtessen zugleich galt, wurden kalt, ehe man fertig war mit Essen und Erzählen, und selbige Nacht haben sie Alle unruhig geschlafen; aber nicht vor Schmerzen, sondern vor freudiger Bewegung des Gemüths. Vor dem Bettgehen aber wünschte,

seit lange zum erstenmal, die Mutter noch etwas Erbauliches zu hören, war's ja doch Sonntag, und sie vor acht Wochen zum letztenmal in der Kirche gewesen. „Liseli, lies doch vor, es ist mir beim Licht und für die Brust zu beschwerlich." Und Liseli las nach Angabe des Kalenders das Evangelium am Sonntag Reminiscere: vom cananäischen Weibe, und las weiter von den vielen Heilungen und von der Speisung der 4000 bis zu Ende des Capitels. – Und das, was sie gehört hatte, bewegte die Leidende auch in ihrem Herzen, da sie nicht schlafen konnte in jener Nacht, und ist etwas mit ihr vorgegangen, was ich jetzt nicht weiter ausbringen will, damit der Segen nicht verloren gehe.

Und am Montag Abend wurde die Sache mit dem Fritz ausgemacht und Heiri drückte ihm ein neues Fränklein in die Hand als Gottespfennig.

7.

Den geschäftigen Tag des Einzugs im neuen Logis wollen wir vorbeigehen. Liese strengte sich fast über Kräften an beim Zusammenpacken, und daß jedes Geräthe sorgfältig auf den Wagen komme. Am Abend kam der Heiri, um mit ihr die neue Heimath zum ersten Mal heimzusuchen. Der Vetter und die Base geleiteten sie noch fast bis zum Thor und nahmen herzlichen Abschied unter gegenseitigen Glücks- und Segenswünschen. Und als sie daheim waren, schien der Vollmond gegen die Hausthüre und beleuchtete den Kranz von Epheu, den Liseli unterdeß geflochten und daran gehängt hatte; und die Sterne flimmerten wie alte Bekannte vom Lande zum freundlichen Willkomm.

O, hätte ich nun die Feder eines Dichters, um dennoch wahrheitsgetreu zu schildern, welch' ein neues Leben sich für die Bewohner des neuen Hauses aufthat, um zu erzählen, wie jeder Tag eine neue Freude in's Herz und einen neuen Segen in die Familie brachte.

Man stand, von der Sonne geweckt, frühe auf, ging in den Garten und machte da etwas zurecht; der frischende Morgenwind und der Gesang der Vögel, die sich der neuerwachten Frühlingskräfte und des lieblichen, jungen Tages freuten, das glänzende, goldene Licht, das sich über die Häuser und grünenden Wiesen und fernen Berge ergoß, und die Morgennebel in's klare Blau des Himmels auflöste, weckte ungewohnte, und doch unsere ehemaligen Landbewohner seltsam anheimelnde Gefühle, Gefühle wie von lieblichen Mährchen der Kindheit, die nun plötzlich wahr geworden. Während Fritz und Heiri draußen Bohnenstecken zurecht machten, oder die jungen kräftigen Triebe einer an der Ostseite des Hauses links und rechts von der Hausthüre neu gepflanzten Rebe anhefteten, machte Liseli die untere Stube und das Stüblein. Denn Liese war auch aufgestanden und mahlte unter der offenen, der Sonne entgegengewendeten Hausthüre, vom warmen, wollenen Halstuch gegen die frische Morgenluft geschützt, ihren Kaffee. So strömte durch die geöffneten Fenster und den Hausöhren ein belebender Odem des neugeborenen Tages, und mit ihm eine erfrischende, kräftigende Lebensspende. Die Morgenseite eines Hauses ist immer die trockenste; denn der Ostwind kömmt über weite Landstrecken, von Asien her zu uns und bringt nicht die feuchten Dämpfe irgend eines Meeres mit sich. Auch ist die Wirkung der Morgensonne, namentlich im Sommer, äußerst kräftig; denn ihre Strahlen prallen von Morgens 4 Uhr bis gegen 9 Uhr fast senkrecht gegen die in dieser Richtung stehenden Mauern. Im Waisenhause sind die Schlafsääle gegen Morgen gerichtet, und man hat stets den erfreulichsten Gesundheitszustand bei den vielen, vielen, oft von Haus aus vernachlässigten Kindern bemerkt.

Warum wohl Fritz kein Fenster in den Stuben gegen Osten anbringen ließ, statt der Wandkästen? – Erstens war das Fenster gegen Süden für die mäßige Stube übrig groß genug, zweitens wäre dadurch das Haus im Winter kälter geworden; drittens kostspieliger, denn unten ein Kreuzstock, oben ein Kreuzstock mit Schreiner- und Glaserarbeit, mit Fenstern, Vorfenstern und Läden mit dreifachem Oelanstrich, das hätte schon wieder ein paar Hundert Fränklein gekostet; viertens endlich brennt im Sommer die Sonne den ganzen Vormittag durch ein solches Fenster in's Zimmer hinein, macht man aber alsdann die Läden zu, so ist eben der Zweck solcher Fenster nicht einleuchtend. So wär's auch mit Fenstern auf der Westseite gewesen beim Nachbar; drum hatte auch der's unterlassen.

Aber auf die Liese machte die Morgenluft und Morgensonne einen wunderbaren Eindruck; wohl griff sie es im Anfang etwas mehr an und machte sie müde, wie nach angestrengter Arbeit; aber sie fühlte es, wie das Strahlenbad durch ihre Glieder drang bis auf's innerste Mark und wie die Ermüdung nur eine erneute Anstrengung aller Lebenskräfte bewies. Später in der Jahreszeit setzte sich Liese auch v o r die Hausthüre und strickte dabei oder verlas und flickte Kleider, Hemden und Strümpfe; und dazu war sie in den Nerven bald stark genug; nur mit der Gartenarbeit wagte sie sich noch nicht an's Schwerere.

Wir haben vorhin Liese beim Kaffeemahlen getroffen; der Kaffee ist unterdessen fertig geworden, und die völlig geordnete, wohlgelüftete Stube nimmt ihre Bewohner auf und ladet sie zum dampfenden, warmen Getränk. Beim ersten Morgenessen hatte Keines anfangen wollen; es war Ihnen gewesen, als fehle ihnen etwas, was sie selbst nicht recht wußten. Das zweite Mal gab sich's von selber. Liese faltete still ihre Hände, ehe sie anfing, und die Andern thaten ihr's unwillkürlich nach. Ob sie Worte gebetet haben in Gedanken, bezweifle ich, aber es war ein schüchterner Tribut des Dankes, zu dessen Entrichtung sie sich gedrungen fühlten.

Es ist merkwürdig, den Unterschied beim Essen zu beobachten in verschiedenen Häusern. Bei den Einen kommt Eins um's Andere zum Tisch und ißt und geht, wie's ihm bequem ist. Bei den Andern falten Alle gleichzeitig, stehend oder sitzend, die Hände, oder Eines spricht für Alle das Vaterunser oder Komm, Herr Jesu, sei unser Gast und segne, was Du uns bescheeret hast. Dort ist kein Anfang und kein Ende; hier ist ein Gepräge von Ordnung und frommer Gesittung. Das hängt eben auch unbewußt oder bewußt von der Lebensweise, und die wieder mehr oder weniger vom Hause ab. Steht man in den engen Gassen, wo's lang nicht tagen will, spät auf, so ist das Kaffeekochen die einzige Einleitung zum Frühstück; denn es hat sonst noch Keines eine andere Arbeit in der Hand gehabt. Aber auf dem Lande haben sich die Hände schon gerührt, ehe man zum Morgentrinken kommt, sie legen sich fast von selbst zur Ruhe gefaltet zusammen, und dann erst tragen sie die erquickende Nahrung als eine gute Gottesgabe zum Munde. Es ist ein viel größerer Schritt vom verdrießlichen Schlendrian der Gleichgültigkeit zum allereinfachsten stillen Anstand der ehrwürdigen Väter- und Christensitte, als von da zur erbaulichen Hausandacht im Hause eines Seelsorgers. Ob diese Sitte gerade zum gesunden Wohnen gehört, weiß ich nicht; aber das weiß ich aus Erfahrung, sie gehört zur Ruhe und zum heitern Frieden des Gemüths, und diese Güter haben noch Niemand krank gemacht.

Fritz stand allein; die Magd der benachbarten Lehenfrau, die ihm Essen und Kaffee brachte, machte ihm gegen ein bestimmtes Trinkgeld auch das Zimmer. Er zog es vor, es etwas unbequemer zu haben, lieber als in Kosthäusern das unerquickliche Zusammenleben mit Unbekannten zu genießen, wo das trauliche Gefühl des Daheimseins unter dem Getreibe einer Art von Gastgebern verloren geht. Ein rechtes Kosthaus, gleichsam ein Familienhaus mit einer Art von traulichem Familienleben bleibt noch immer ein frommer Wunsch, dessen Erfüllung manchen Segen stiften würde.

Die für's Morgentrinken angefangene Sitte wurde auch Mittags und Abends festgehalten; denn das Gefühl vom Kirchlein, das den Heiri bei der Hausschau durchschauert hatte, gewann bei Allen die Oberhand. Sie fühlten etwas Festtägliches an jedem Tage; es war, als ob der Sonntag durch jeden Werktag hindurchgedrungen wäre und ihn geheiligt hätte, während in der Stadt in dumpfer, düsterer Stube auch der Sonntag etwas Werktägliches angenommen hatte, werktäglich durch den Lärm und das Gekarre in den Gassen unten, durch das Geklopfe nebenan, durch die Negligetrachten gegenüber. Weder Heiri noch Liese hatten Heimweh nach der Stadt; die Stille und Ruhe des Friedens um sie her, das immer voller und schwellender und wärmer sprossende Grün auf Matten und an Baumgruppen, der freie, offene Himmel, die frische reine Luft die trockene, gesunde, helle Wohnung boten ihnen kaum geahnte Genüsse und sie ließen den äußern Frieden und das äußere Glück in ihr Herz strömen und thauten auf in erneuter gegenseitiger Liebe. Heiri's Wangen bräunten sich in der Kraft der Sonnenstrahlen, Liese ward wieder jung wie ein Adler, und Liseli blühte wie eine Blume des Feldes.

Nie klagte Heiri über die große Entfernung, nie über Regen, schlechten Weg oder Hitze. Bei der meist ruhig stehenden Lebensweise im Arbeitersaal bekam ihm der täglich viermalige Gang recht wohl, und er spürte nichts mehr von Beschwerden des Unterleibes, wie früher. Bei einer ruhigen, sitzenden oder stehenden Lebensart ist nichts der Gesundheit so zuträglich, wie regelmäßige tägliche Bewegung. Das wissen die Contorherren gar wohl, die manchmal im Sommer in der Morgenkühle ihr Luftbad auf der Rheinbrücke nehmen, und dabei 4 oder 5 Mal darüber hin und herwandeln.

Manche Bekannte Heiri's hatten ihm allerlei prophezeit, und dem Fritz am Hause allerlei getadelt. Dem Heiri, er werde den Verleider bekommen am langen Wege und seine Leute werden die liebe Noth haben, ein Gemüse zu bekommen, weil es so abgelegen sei. Dem Fritz, er sei ein rechter Sonderling, sich so weit von der Stadt und dazu an so abgelegenem Ort, wo einen kein Mensch erfragen kann, anzusiedeln. Jahr aus Jahr ein sei's schrecklich langweilig und öde. Warum er auch die Hinterseite gegen den Weg, und die Wohnstube gegen das Feld gewendet habe; das Haus sei ja ganz verdreht und um zur Hausthüre zu kommen, müsse man ja ums ganze Haus herumgehen. Da habe doch der Nachbar die gescheitere Nase gehabt, der die Seite gegen den neuen Centralbahnhof gewählt habe. Das sei halt auch so ein halber Physigucker, der Fritz, an dem's auch wahr werde: wie gelehrter, wie verkehrter. – Aber weder Heiri noch Fritz ließen sich dadurch ihr Paradies verleiden. Der Eine hatte zum Voraus überlegt und der Andere hintendrein erfahren, was das bessere Theil sei und keiner noch das Geringste bereut. Der Heiri bekam den Verleider nicht am langen Weg und mit den Gemüsen ging's eben auch; was der Garten nicht trug, das gab um billiges Geld die Lehenfrau, und der Milchkarren brachte ihnen Fleisch und Brod aus der Stadt mit; und wenn das nicht gewesen wäre, so hätte sich weder Fritz noch Heiri gescheut, es selber heimzutragen. Aber der Garten war fruchtbar, als ob ein besonderer Segen darauf ruhe.

Und ja, es ruhte ein großer Segen darauf, mehr als man gleich anfangs merkte. Wenn man so den Binnetsch und den Salat wachsen sah und das Jörgenkraut, und wenn man's abschnitt und es auf der linnengedeckten Tischplatte wie eine Zierde aufgestellt war, da meinte man nicht, es sei mit Zinsen für's Land und mit Arbeit erkauft, sondern wie ein ganz besonderes Geschenk vom lieben Gott kam's einem vor, auf das man keinen Anspruch hatte, und man fühlte den Dank aus dem Herzen heraufsteigen bis in den Mund, daß es manchmal ein wenig überlief. Da gehe man nur auf den Markt und kaufe. Bis man da und dort verlesen und gehandelt und mit Markten noch fünf Centimes abgedrückt und dann mit gutem baarem Geld aus dem eigenen Beutel bezahlt hat, da glaubt man auch nicht mehr, daß man deshalb gebetet habe: Gib uns heute unser täglich Brod. Man freut sich etwa des billigen Einkaufs, den man seiner Pfiffigkeit und Zähigkeit verdankt, aber an den, der zum Wachsen Regen und Gedeihen gab, erinnert man sich nicht.

8.

Was die dem Fritz gemachten Vorwürfe betrifft, so war's zum ersten nicht langweilig. Das fühlten Alle im Hause. Hier draußen im Grünen brachte jeder Tag etwas Neues. Welche Lust zu sehen, wie die erst noch nackten Bäume Triebe und Schoße brachten, wie sie fast in einer Nacht hervorbrachen in tausend und tausend Blüthen, jetzt die Kirschen, jetzt fleischroth Pfirsige, dann Aepfel und Birnen im Schmuck der Lilien- und Rosenfarbe. Und abermal kleidete frisches Grün die noch blühenden Bäume, bis ein sanfter Regen die Blüthenblätter aus den Kelchen wischte und der Wind sie wie Schnee durch die Luft trieb. Und dann wieder wob sich in's Grün der Matten das Gold der Sonnenwirbel und die zarte Lilafarbe der honigschwangern

Kleewirtel. Das alles genießt der reiche Städter nicht; er sieht im wenigwochigen Landaufenthalt nur den geringsten Theil dieser reichen, mächtigen Entwicklung, gleichsam den höchsten Glanz des Naturlebens in seiner vollsten Fülle. Und vollends der Arbeiter, der in enger, dunkler Gasse der Stadt wohnt, kaum kommt er am Sonntag dazu, vor's Thor zu gehen, – mit Augen, die nicht sehen, mit Ohren, die nicht hören, weil er verlernt hat zu achten auf die großen Werke des Herrn. (Wer ihrer achtet, der hat eitel Lust daran.) Da fahren sie auf der Eisenbahn, um in Muttenz oder Prattelen oder auch in Frenkendorf und Liestal lustig zu sein beim Glase Wein, daß draufgeht, was man vom Zahltag her in der verflossenen Woche nicht gebraucht. Und wenn man genug gejodelt und getobt hat und den Kopf wüste und öde von Alle dem was hinein- und hinausging; dann hat man sich erholt und gestärkt für die Arbeit der künftigen Woche? Dann hat man die freie Gottesnatur genossen?

Aber nicht nur das Betrachten, auch das Arbeiten im Gärtlein verkürzte die Zeit. Pfeilschnell flogen die Tage dahin, und doch war man in kurzer Zeit so an Alles gewöhnt, als obs nicht Monate, sondern Jahre her wäre. Fritz verstand Rosen zu veredeln und okulirte Wildlinge oder pfropfte edle Reiser auf kräftige Gerten. Die Reben am Hause wucherten üppig, wie wenn unerschöpfliche Lebensfülle aus dem Boden in ihre Reiser sich ergöße, so daß den ganzen Sommer über Aberschosse wegzubrechen waren. Und wenn etwa am Mittwoch Abend Heiri die Liese ans Sommerkasino spazieren führte, daß man aus der Ferne oder von der Straße her sich am lustigen wogenden Schall der Musik ergötzen könne; und wenn dann Liseli die Blumen spritzte, die von des Tages Hitze nach Erquickung lechzten, da wurde auch dem Fritz so eigen zu Muthe. Liseli kam ihm vor wie eine traute Bekannte, und doch hatte er noch nie gewagt, ihr nur die Hand zu geben. Was er sprach, war wenig, desto mehr dachte und fühlte er. Und das Alles verkürzte ihm die Zeit ungemein.

Und was den andern Vorwurf betrifft, er hätte das Haus hinterfür gestellt, so kannte er ja zum Voraus den Wahrspruch: Wer da bauen will an der Straßen, muß sich's Meistern g'fallen lassen. Seine Gründe waren wichtig genug und schon älter als das heilige römische Reich. Denn Fritz hatte sein Haus ganz einfach nach der Sonne gerichtet, wie schon die alten Aegypter ihre berühmten Tempel und Pyramiden. Man braucht auch nur durch die Landschaft hinaufzureisen, so fällt es jedem auf, wie in den Dörfern links an der Straße stattliche Häuserfassen stehen, rechts aber eine Reihe Dunghäufen und dahinter Stallthüren und Scheunenthore; und durch die letztern gelangt man durch's Haus hindurch zu den Stuben auf der Feldseite. Das ist aber, weil fast alle Landleute sich nicht nach der Straße, sondern nach der Sonne richten; und 's ist eine alte, ererbte aber vernünftige Ueberlieferung. Das erregende Licht und die belebende Wärme der Sonnenstrahlen war auch dem Fritz wichtiger als der Weg und als das Geschwätz der Leute; war's nach außen nicht prunkend, sein Haus, so war's doch innen wohnlich und freundlich und heimelig.

Im hohen Sommer, wenn die Sonne weit über dem Rhein, im Nordosten, aufging, und nahe am Isteiner Klotz wieder hinunter, da stand sie am Mittag fast senkrecht über dem Hause und beschien nur von 11 bis 1 Uhr das Simsbrett am Fenster; im obern Stock gab überdieß das vorspringende Dach noch Schatten. Um die Hitze zu vermeiden, bog man nur die Läden zusammen über die heiße Tageszeit, während man am frühen Morgen die kühle frische Morgenluft durch Stuben und Haus hatte streichen lassen. Im Winter dagegen ging ja die Sonne stets auf der Sonnenseite auf und unter, und bei jedem hellen Himmel half der tief ins Zimmer dringende Strahl das Zimmer heizen. Das war wohl die Hinter-, aber gewiß nicht die Schattenseite am Haus. Die Küche dagegen und der Abtritt mögen die Wärme nicht vertragen, sonst gerinnt im Kasten die Milch, die Speiseresten werden faul und sauer; und vom Abtritt her hat man einen ungebetenen Wetterprophet, und ist er schlecht, so prophezeit er erst noch bei schönem Wetter ganz falsch. Das hatte Fritz überlegt und beachtet und hatte Küche und Nr. 100 gegen den Weg gesetzt, d. h. auf die kühle Mitternachtsseite.

Und warum lieber ostwärts, statt westwärts. Das war zwar weniger wichtig, ob so oder so, und wäre die Hausthüre vorn oder hinten gewesen, das hätte auch nichts gemacht, statt auf der Seite. Aber auf der Seite hatte man keinen großen Umweg zu machen, um zum hintern Gärtlein und Brunnen (vor den Stuben) zu kommen, auch keinen großen Umweg auf die Straße oder zu dem vor dem Haus an der Straße liegenden Rasenplatz mit seinem Sauerkirschenbaum. Dann war's gegen Osten, wie immer und überall, trocken, sonst hieße nicht die Abendseite immer nur die Wetterseite, auch genoß man im Sommer bis gegen 9 Uhr früh den Vortheil der kühlenden Ostwinde, ließ so lange die Hausthüre offen, und schloß nachher unerbittlich den allzuaufdringlichen Sonnenpfeilen den Paß zu. Ueberdieß ist die Morgenseite bei Fritzens Haus fast die schönste wegen der Aussicht. Am Nachmittag aber, von 12 Uhr an, war hier wieder Schatten bis zum andern Morgen und 's gab unter der Hausthüre oder auf der Lattenbank am Giebel ein herrliches Plätzlein zu sitzender Arbeit oder zum Gemüserüsten für den folgenden Tag; ein Plätzchen, fast zu verführerisch, dem Himmel in's blaue Angesicht zu schauen, oder dem mannigfach wechselnden Grün der Bäume zwischen die schattenden Aeste und daneben hindurch in die fernen, duftig verhüllten Berge, bis endlich, immer wärmer und glühender, das Gold der scheidenden Sonne über die ganze Landschaft hinströmte zu zauberhaftem Gemälde.

Und war die Sonne im Sinken und wollte man ihren majestätischen Glanz genießen, so kostete es nur ein paar Schritte. Zwischen den Blumenrabatten des Gärtleins auf und abwandelnd versenkte man sich in den Anblick des feuerfarbenen Lichtmeeres, auf dem die feingeschnittenen Blätter der Bäume und die scharfen Firstlinien der Dächer mit ihren Kaminen sich schattenrißartig abzeichneten, bis nach und nach die überwältigende Kraft des feurigen Lichtes dem goldgesäumten Purpur fast durchsichtiger Wolkenschichten wich, bis endlich violette Schatten ringsum alles umschlossen.

9.

Und Heiri's lernten die Vorzüge ihrer Wohnung aus Erfahrung immer mehr schätzen; Fritz hatte sie zudem belehrt, wie sie diese durch die Lage gebotenen Vortheile, denen sie und besonders Liese täglich so viel für ihre Gesundheit zu danken hatten, durch jene einer klugen und verständigen Hausordnung erhöhen könnten. Beim Bau des Hauses war von Seite des Fritz, wie seines Baumeisters alle Sorgfalt auf Zweckmäßigkeit, wie auf trockenes und gesundes Baumaterial verwendet worden. So hatte man nicht nur wegen des Nutzens, sondern auch wegen der Trockenheit unter dem ganzen Hause Keller gemacht, so konnte man durch Stube und Gang, oder durch Kammer und Küche einen reinigenden Luftzug bewerkstelligen. Auch war zu den Bodenauffüllungen nicht Schutt und Straßenstaub oder feuchtigkeitanziehender Sand genommen, sondern Koakasche, wohlfeil wie jenes andere, äußerst trocken und dabei sehr feuersicher. – Aber dennoch hatte Fritz angelegentlich empfohlen, im Winter nicht zu oft, und überhaupt nie zu naß zu fegen. Um das Zimmer und das Haus rein zu halten, war vor der Hausthüre ein Scharreisen, und im Gang eine Strohmatte.

Unter dem Kunstofen zeigte er eine Klappe, die man öffnen und schließen konnte. Diese ging aus der Stube in die Küche; wenn nun das Feuer brannte, sollte man öffnen, und konnte nachher wieder schließen. Diese Vorrichtung leistete namentlich im Winter vortreffliche Dienste. Denn ein Feuer bedarf zum Brennen Luft, und wenn in der Küche alles fest zu ist, so muß eben diese Luft durch's Kamin selbst herabkommen und treibt den Rauch zurück bis zum Ersticken; selbst das Feuer brennt ungern. Ist aber jene Klappe offen, so kommt der erforderliche Zug aus dem Zimmer und reinigt solchermaßen zugleich die Stuben von der verbrauchten und schädlich gewordenen Luft. In Häusern, wo man mit besondern Oefen heizt, wendet man jetzt häufig die holzsparenden und im Zimmer zu heizenden Straßburgeröfen an, um ihrer luftreinigenden Eigenschaft willen. Ja ein sehr geachteter Arzt hat alle seine Oefen umändern und zum inwendig Einfeuern einrichten lassen.

Für den Winter waren für Stuben und Nebenstübchen Vorfenster bereit; das sparte viel Holz an der Heizung, und um das Einfrieren der Wassersteinröhre und die damit verknüpften Unannehmlichkeiten zu verhindern, waren dieselben innerhalb der Mauer herabgeführt und mündeten ganz zu unterst in ein von eichenem Deckel bedecktes Wasserfaß, dessen Inhalt täglich zum Spritzen der Pflanzen verwendet werden konnte. Wurde dieß Faß beinahe voll, so sorgte ein Ablauf in die Abtrittsgrube für den etwaigen Ueberschuß. Das gab der Seite gegen den Weg ein gefälligeres Ansehen, als wenn winklige Rohre dieselbe verunstaltet hätten. Um aber das Haus möglichst trocken zu machen, hatte man beim Bau den Keller weniger tief gegraben als sonst und den Schutt zu einer Auffüllung um's Haus verwendet, daß es wie auf einer kleinen sanften Erhöhung stand.

So war bei Fritzens Haus für Trockenheit, für Licht und Luft, für Wärme und richtige Kühle, mit einem Wort für alle Erfordernisse zu einem gesunden und behaglichen Wohnen, und damit zu einem schönen und der Würde des Menschen angemessenen Familienleben und zum Genusse edler Freuden gesorgt.

10.

Aber dem Fritz fehlte noch etwas. Das bemerkten auch Heiri und Liese; nur Liseli hatte keine Ahnung davon, wenigstens that sie, als merkte sie nichts. „Ich weiß nicht, was der Fritz hat; er kommt nicht mehr so oft zu uns in die Stube herunter wie früher; du hast ihm doch nichts in den Weg gelegt, Liese?" Ich wüßte nicht was, er ist aber auch stiller als sonst. „Und früher hat er mir einmal gesagt, wenn wir einziehen bei ihm, wolle er die Kost bei uns nehmen, und hat seitdem kein Sterbenswörtlein mehr davon verlauten lassen." So redeten sie hin und her und erschöpften sich in allerlei Vermuthungen. Liseli hatte auch etwas wie einen Druck auf dem Gemüthe und sang nicht mehr so munter wie früher. Aber Liese dachte an ihre eigene Jugend zurück und dachte: das sei noch Folge der Körperentwicklung, war doch Liseli oft blaß und dann plötzlich wieder roth, wie wenn sie das Wechselfieber hätte.

Einst sollte Liseli Abends in die Stadt. Unter der Hausthüre gab die Mutter noch einen vorher vergessenen Auftrag. In diesem Augenblick kam Fritz heim. Aber wie er zur Hausthüre hinein und Liseli heraustreten wollte, waren beide plötzlich wie gebannt, und jedes fühlte nur die Gluth zum Kopfe steigen und das Herz gewaltig pochen. Aus lauter Verlegenheit vor einander und vor der Mutter konnte keines ein Wort herausbringen. Da ging Fritz wie gleichgültig an Liseli vorüber, sagte zu Liese mit erzwungener Ruhe seinen Guten Abend und schnell in's Zimmer hinein. – Und Liseli wußte auch nicht wie sie in die Stadt kam, und wie wieder heim; und hatte 1 Vierling Kaffee und 1 Pfund Cichorie mitgebracht und die Bändel in die Sonntagsschuhe vergessen.

Und am Sonntag Abend klopfte es an der Stubenthüre beim Heiri, und herein trat Fritz im neuen schwarzen Kleid und dem feinen Seidenhut in der Hand. Und der Fritz mußte etwas Wichtiges mit dem Heiri und seiner Frau reden und das Liseli ging trotz seiner Neugier ungeheißen in die Küche. Es muß auch recht wichtig gewesen sein, was sie zusammen ausmachten, und Liese hatte feuchte Augen, als ob ihnen das liebgewordene Logis aufgekündet worden wäre. Aber Liseli wurde endlich hereingerufen und den Abend ein extraguter Kaffee für alle Viere gemacht. Denn Fritz hatte um's Liseli angehalten, und Liseli hatte vor Thränen nicht Nein sagen können.

Im Spätherbst war die Hochzeit, und jetzt leben Fritz und Liseli im obern Stock als treues Ehepaar, und Gesundheit, Glück und Frieden wohnt im Hause bei den Vieren. Das möge ihnen Gott der Herr erhalten und reichlich mehren!

Fußnoten:

A Sauerstoff.

B Kohlensäure.

C Wasser. Ein Mensch athmet durchschnittlich in 1 Stunde 300 Litres Luft aus, worunter 12 Litres Kohlensäure enthalten sind.

D Pettenkofer.

E Kohlensäure und Wasser.

F Wenn auf 1000 Theile Luft 1 Theil Kohlensäure kommt.

Anmerkungen zur Transkription:

Das Original ist in Fraktur gesetzt.

Schreibweise und Interpunktion des Originaltextes wurden übernommen; lediglich offensichtliche Druckfehler wurden korrigiert.

Einige Ausdrücke wurden in beiden Schreibweisen übernommen:

- blos (Seiten 15 und 29) und bloß (Seiten 6, 19 und 20)
- Brot (Seite 9) und Brod (Seite 57)
- casernenartige (Seite 7) und Kasernen (Seiten 20 und 22)
- düstrer (Seite 8) und düstere/düsterer (Seiten 38, 44 und 56)
- geschlossenen (Seite 19) und

geschlossnen (Seite 25)
- giebt (Seiten 6, 11, 12, 26, 37 und 40) und gibt (Seiten 16, 36 und 37)
- giebt's (Seite 10) und gibt's (Seiten 14 und 35)
- gieng/ausgieng (Seiten 6, 38 und 39) und ging/ging's (Seiten 39, 42, 47, 48, 49, 52, 53, 57, 60, 61 und 63)
- Hülfe/hülflos/Hülfsmittel/Abhülfe (Seiten 7, 8 und 12) und Hilfe/hilft (Seiten 15 und 27)
- Kommode (Seiten 9, 48 und 49) und Commode (Seite 26)
- saubre (Seite 28) und saubere (Seite 28)
- unsaubere (Seite 9) und unsaubre (Seiten 15 und 25)

Folgende offensichtliche Druckfehler wurden korrigiert:

- geändert wurde
"genug sieht's allerdngs bei den Leuten"
in
"genug sieht's allerdings bei den Leuten" (Seite 9)
- geändert wurde
"Fenster kann offen stehn lassen, da"
in
"Fenster kann offen stehen lassen, da" (Seite 22)

- geändert wurde
"ebenso die Vorhänge, die Bettwasche, stellt"
in
"ebenso die Vorhänge, die Bettwäsche, stellt" (Seite 26)
- geändert wurde
"kaum mehr als ein Bischen Mühe."
in
"kaum mehr als ein bischen Mühe." (Seite 28)
- geändert wurde
"es ist bejammerswerth, wie viele"
in
"es ist bejammernswerth, wie viele" (Seite 37)
- geändert wurde
"wo 11, sage eilf Familien wohnen"
in
"wo 11, sage elf Familien wohnen" (Seite 37)
- geändert wurde
"zogen Heiri und Liesi mit ihrem Liseli"
in
"zogen Heiri und Liese mit ihrem Liseli" (Seite 37)
- geändert wurde
"von allen sechs Hausparthieen hier zusammengeworfen"
in

"von allen sechs Hauspartheien hier zusammengeworfen" (Seite 39)
- geändert wurde
"das Geschirr auf dem Kücheschaft versorgt hätte."
in
"das Geschirr auf dem Küchenschaft versorgt hätte." (Seite 41)
- geändert wurde
"aber dem Lisele gar schwer; doch"
in
"aber dem Liseli gar schwer; doch" (Seite 41)
- geändert wurde
"weder Liese noch Lisele; auf dem Lande"
in
"weder Liese noch Liseli; auf dem Lande" (Seite 41)
- geändert wurde
"freundlich aber ernst: „Lieben Leute, die Sache ist"
in
"freundlich aber ernst: „Liebe Leute, die Sache ist" (Seite 42)
- geändert wurde
"Denn wohin war Liesi's Zufriedenheit und"
in
"Denn wohin war Liese's Zufriedenheit und" (Seite 43)
- geändert wurde

"Mühe, die zwei Stegen zu steigen; aber"
in
"Mühe, die zwei Stiegen zu steigen; aber" (Seite 51)
- geändert wurde
"und: „Guten Abend, wie geht's Bäse?" gab er"
in
"und: „Guten Abend, wie geht's Base?" gab er" (Seite 51)
- geändert wurde
"ein Wort gab 's andere, von"
in
"ein Wort gab's andere, von" (Seite 51)
- geändert wurde
"wollenen Halstuch gegen den frischen Morgenluft geschützt, ihren Kaffee."
in
"wollenen Halstuch gegen die frische Morgenluft geschützt, ihren Kaffee." (Seite 53)
- geändert wurde
"einen wunderbaren Eindrnck; wohl griff"
in
"einen wunderbaren Eindruck; wohl griff" (Seite 54)
- geändert wurde
"dessen Entrichtung sie sich gedrungen fühlten"
in

"dessen Entrichtung sie sich gedrungen fühlten." (Seite 55)
- geändert wurde
"Straßen, muß sich 'sMeistern g'fallen lassen."
in
"Straßen, muß sich's Meistern g'fallen lassen." (Seite 59)

www.ingramcontent.com/pod-product-compliance
Lightning Source LLC
Chambersburg PA
CBHW022144090426
42742CB00010B/1382